Günther Feyler

Lebenskompaß Traum

Günther Feyler

Lebenskompaß Traum

In sechzehn Tagen
kreativ träumen lernen

Verlag Hermann Bauer
Freiburg im Breisgau

CIP-Titelaufnahme der Deutschen Bibliothek

Feyler, Günther:
Lebenskompass Traum: in 16 Tagen kreativ träumen
lernen: Günther Feyler. – 2. Aufl., 6. – 10. Tsd. –
Freiburg im Breisgau : Bauer, 1991
ISBN 3-7626-0380-4

5 Tuschzeichnungen: Amoy 1989

2. Auflage 1991 – 6. – 10. Tsd.
ISBN 3-7626-0380-4
© 1990 by Hermann Bauer KG, Freiburg im Breisgau.
Alle Rechte vorbehalten.
Satz: Teamsatz, Sachs & Partner oHG, Neudrossenfeld.
Druck und Bindung: May + Co, Darmstadt.
Printed in Germany.

Inhalt

Einleitung

In sechzehn Tagen träumen lernen

Traumübungen

Kleines Traummerkbüchlein

Epilog

Vorwort

Gerade beginnen Sie, ein Buch über Träume zu lesen. Was hat Sie dazu veranlaßt? Kommen Sie mit Ihrem Leben klar oder spüren Sie, daß Ihnen noch dieses kleine Quentchen fehlt, das Ihnen eine bessere Übersicht über Ihre Lebenszusammenhänge verschaffen könnte? Wollen Sie dieses Buch lesen, um mehr über sich zu erfahren? Oder wollen Sie etwas in den Träumen anderer herumstochern können – Traumspionage betreiben? Ist Ihnen klar, was Sie erwartet? Wissen Sie, daß Sie sich auf ein kleines Abenteuer einlassen und möglicherweise mehr über sich erfahren, als Ihnen andere Menschen bisher gesagt haben?

Allein die Tatsache, daß Sie jetzt dieses Buch in der Hand haben, beweist, daß Sie auf dem Weg sind – auf dem Weg zu sich selbst. Instinktiv haben Sie erkannt, daß Ihr Kopf ganz gut funktioniert, daß Sie aber gelegentlich Ihre Gefühle wegstecken und einfrieren, wenn sie Ihnen lästig oder unbequem werden. Auch ahnen Sie längst, daß Sie glücklicher und zufriedener sein könnten . . . Ihre Traumkraft hat sich also bereits gemeldet und dafür gesorgt, daß Sie dieses Buch gekauft haben und bereit sind, es in diesem Moment zu lesen.

Stellen Sie sich jetzt selbst ein paar Fragen und beantworten Sie sie ehrlich:

Womit bin ich nicht zufrieden, was möchte ich ändern? Will ich etwas mehr über mich selbst erfahren?

Wovor fürchte ich mich, vor wem habe ich Angst? Will ich Streit und Konflikt mit meinen Mitmenschen beenden und besser mit ihnen auskommen?

Möchte ich offener und freier auf unbekannte Menschen zugehen können?

Würde ich gern endlich all die faulen Tricks aufgeben, mit denen ich mir im Umgang mit anderen Menschen unverdiente Vorteile verschafft habe?

Will ich ehrlicher, offener und überzeugender mit mir selbst sein, um mehr Selbstachtung und wirklichen Stolz zu entwickeln?

Bin ich bereit, mehr und intensiver zu fühlen, auch wenn diese Gefühle nicht alle angenehm und leicht sein werden?

Bin ich bereit, die Welt vorurteilsfrei und mit offenen Augen so wahrzunehmen, wie sie wirklich ist, und nicht so, wie ich sie mir in meinen geheimen Wünschen vorgestellt habe?

Wenn Sie mehr als sechs dieser Fragen mit Ja beantwortet und sich vielleicht noch einige Kommentare dazu notiert haben, können Sie sicher sein, daß Sie dieses Buch wirklich verstehen werden. Es wird Ihnen die faszinierende Welt Ihres eigenen Ich erschließen, und Sie werden Ihre Freude an sich haben.

Einleitung

Träumen ist ein Kinderspiel!

Wir träumen bereits im Mutterleib. Als Baby bringen wir zwei Drittel des Tages damit zu, unser späteres Leben träumend, in Bildvorstellungen zu erproben. Träumen ist eine psychophysische Hygienereaktion des Körpers, die zu den ererbten Rhythmen gehört. Im ältesten Gehirnteil des Menschen, im Stammhirn, ist die Fähigkeit zum »Bildern« seit Millionen von Jahren angelegt. In diesem Gehirnteil entstand unser Gedächtnis, das sich eher auf Bilder als auf abstrakte Gedanken stützt. Träumen ist eine lebenswichtige Funktion. Verliert der Mensch seine Träume (das ist wissenschaftlich erwiesen), verliert er seine Überlebenskraft. Er bekommt Halluzinationen, wird debil und fällt langsam in sich zusammen.

Beachtet man den Traum nicht, kann er zum Feind werden. Die Traumkraft geht dann in Abwehr- oder Kampfstellung und arbeitet sozusagen wie ein Heckenschütze im Dschungelkrieg. Schenken wir dagegen unseren Träumen nur einen kleinen Teil unserer bewußten Aufmerksamkeit, so führen sie uns zu einem besseren, strahlenden Selbst. Sie zeigen uns den Sinn des Lebens und sind ständiger Initiator vor Wandlungen und Veränderungen, die Wachstum erst ermöglichen. (Wie jedes Lebewesen, ist auch der Mensch ständiger Veränderung unterworfen. In jeder Sekunde erneuern sich Millionen von Körperzellen.

Träume gehören zu den ganz natürlichen Le-
bensprozessen. Sie stellen sich ohne unser Zutun
ein, und wir können uns auch an sie erinnern,
wenn wir uns an die natürlichen Spielregeln des
Lebens halten. Die allerdings sind uns unter der
Tünche zivilisatorischer Verblendung und Unna-
türlichkeit zunehmend abhanden gekommen. Wir
müssen keinesfalls jede Nacht hart arbeiten, um
unsere erkannten Wissenslücken zu schließen.
Nachts wird der Lernprozeß zum Spiel: *Wir lassen
einfach geschehen!* Unsere Traumkraft arbeitet
ohne Aufforderung. Wir geben ihr lediglich den
Spielraum und die Freiheit, das Natürliche zu tun,
wobei wir uns demütig, still und ergeben verhalten.
Die einzige Vorbereitung, die wir zu treffen haben,
besteht darin, daß wir natürlich einschlafen und in
seligem Wegdämmern aus der Tageswirklichkeit
darum bitten, daß uns ein Traum geschenkt wird.

Moderne Traumtechnik gipfelt nicht darin, daß
wir unsere Träume kontrollieren lernen, daß wir
lernen, sie zu manipulieren, zu interpretieren oder
mittels eines mühsam erworbenen Symbolver-
ständnisses intellektuell zu erfassen. Weit gefehlt!
Der ordnende Verstand kommt den Träumen
nicht bei. Unsere Traumwelt ist nämlich so etwas
wie eine innere Wildnis, ein innerer Urwald, in
dem noch alle Naturkräfte vertreten sind und miteinander sowohl in friedlichen als auch in kriegeri-
schen Auseinandersetzungen ein harmonisches
Dasein fristen.

Sie müssen weder Traumexperte noch Traum-
wissenschaftler werden, um die Nachtseite Ihres
Lebens kennenzulernen. Sie brauchen weder Ehr-
geiz noch Pflichtgefühl, noch Wissensdurst, um
mit Ihren Träumen »fertig zu werden«.

> Träumen ist kinderleicht. Wir kommen
> träumend auf die Welt und träumen lang-
> sam in unser Leben hinein.

Wir können träumen, bevor wir laufen und sprechen lernen. Wir träumen bereits, bevor wir Nahrung zu uns nehmen und bevor alle anderen Körperfunktionen ihre nimmermüde Tätigkeit aufnehmen. Solange wir träumen und der Verstand
noch nicht die Oberhand hat, gibt es keine Probleme. Erst später mit der Entwicklung des rationalen Denkens wird das Leben kompliziert, zugleich aber auch ärmer und enttäuschender. Die
anerzogenen Gedankenkombinationen sind nämlich nichts weiter als ein teuflischer Trick des Menschen, um seinem Schicksal zu entfliehen.

Im Traum kommt unsere ganze Phantasie und
Kreativität, das Unauslotbare, das Geheimnisvolle,
das Einzigartige zum Vorschein. Ich habe schon
viele Menschen kennengelernt, die gleich denken,
aber noch nie Menschen, die gleich träumen. Alles,
was uns noch fremd ist, was wir noch nicht mit
unseren fünf Sinnen erfassen konnten, ist dem
Traum bereits bekannt. In ihm ist die Weisheit von
Jahrhunderten gespeichert.

In der Welt gibt es mehr Ignoranten als Wis-
sende. Unsere Traumkraft jedoch möchte es
zumindest mit »Ahnenden« zu tun haben.

> Glaube an deine Träume. Sie sind eine echte Hilfe und wirkliche Freunde, und sie sagen die Wahrheit.

Ohne Glaube ist diese Welt eine leere Fiktion. Die sogenannte Wirklichkeit ist nichts als eine subjektive Scheinwelt *(maya)*, die ein anderer Mensch völlig anders wahrnimmt.

Wer nicht an sich selbst glaubt, an seine Begabungen, Talente und Fähigkeiten, ist nicht lebensfähig. Zuerst aber müssen wir lernen, an unsere eigenen Träume zu glauben: Es sind unsere Empfindungen, unsere Gefühle, unsere inneren Bilder, unsere Ängste, unsere Verdrängungen, unsere Teuflischkeiten, die da auftauchen und einen inneren Dialog mit uns führen wollen. Wir müssen uns anschauen, was da liebt, lebt, leidet oder zetert, schreit und tobt. All dies sind Teile von uns; nichts davon kommt von außen. Wir selbst sind Produzent, Regisseur, Hauptdarsteller, Statist und Kulisse im Drama unserer Träume.

In dem Moment, wo Sie sich selbst wichtig nehmen, finden Sie den Bezug zu Ihren Träumen.

Mit Ihren Träumen erinnern Sie sich nämlich an sich selbst. Geht Ihr Interesse jedoch an Ihrem eige-

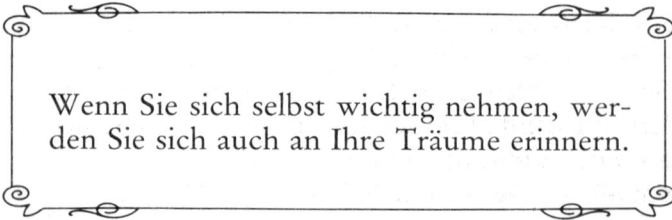

> Wenn Sie sich selbst wichtig nehmen, werden Sie sich auch an Ihre Träume erinnern.

nen Selbst vorbei, dann werden Ihnen letztlich auch Ihre Träume belanglos und unwichtig vorkommen. In dem Maß, in dem Sie sich von äußeren Umständen abhängig machen oder von anderen Menschen gängeln lassen, werden Sie die wirksamen Tätigkeiten Ihrer Traumkraft verkümmern lassen.

Viele Menschen beklagen sich darüber, daß sie Ihre Träume nicht behalten können. Statt dessen haben sie sich die unwichtigsten Banalitäten gemerkt. Dabei sind es die Gefühle, die das Leben lebendig machen. Stellen Sie sich vor, Sie könnten sich an keine erotische Begegnung mehr erinnern. Wenn Sie erst gelernt haben, Ihre Träume zu behalten, dann ist es fast so, als würde Ihr Leben aus durcheinandergeworfenen Puzzleteilen zu einem harmonischen Bild zusammengesetzt. Alles bekommt plötzlich eine neue Bedeutung. Das bislang Merkwürdige wird plötzlich merk-würdig, bekommt Inhalt und Bedeutung. Das, woran Sie immer achtlos vorbeigegangen sind, sieht plötzlich anders und höchst anreizend aus.

In sechzehn Tagen zum Traumkönig werden

Träume, Phantasien und innere Gesichter sind Kindern selbstverständlich. Ein Kind sieht auch wirklich noch Elfen, Sylphen, Zwerge und die Aura von Menschen. Ein Kind hat noch einen ganz feinen Instinkt für Gefahr, für Gutes und Schlechtes, und es träumt sein Leben praktisch voraus und schafft so die weiten Räume und Möglichkeiten seiner späteren Wirklichkeit. Spätestens in der

Schule jedoch lernt das Kind, daß nur gilt, was sichtbar und beweisbar ist. So fällt seine Welt der Phantasie, das eigentliche schöpferische Universum, langsam in sich zusammen. Die Gefühle verschwinden allmählich hinter den Barrieren des Verstandes.

Sie sollen nun lernen, diese Barrieren in sechzehn Tagen durchlässig zu machen, damit Ihre Träume und Phantasien wieder zum Vorschein kommen können.

In sechzehn Tagen können Sie lernen, über das Medium Traum ihren inneren Eingebungen und Wahrnehmungen zu folgen und die Falschmeldungen als solche zu entlarven, die Ihnen unentwegt von anderen eingetrichtert werden. Unabhängig und frei kann man nämlich werden, indem man seinem freien, stets uneingeschränkten Traumleben Beachtung schenkt und seine Zukunft entsprechend gestaltet.

Sie werden feststellen, daß vieles von dem, was Sie tagsüber erleben, nachts in Ihren Träumen weitergesponnen wird, und daß vieles, was Sie nachts träumen, am Tag Wirklichkeit wird. Sie werden erkennen, wie wundersam Ihre Traumkraft Ihr Leben lenkt und gestaltet, wie sinnvoll sich alles zusammenfügt und wie es keinen Zufall, nichts Fremdes und nichts Überraschendes mehr geben kann, weil alles von einer Energie ausgelöst wird, für die Sie allein verantwortlich sind.

Die Beschäftigung mit Träumen ist zu Unrecht ein Reservat von Psychotherapeuten geworden. Mit der zunehmenden Verwissenschaftlichung der Trauminterpretation wurde der Traum mehr und mehr zum mysteriösen Code, den keineswegs jeder entschlüsseln kann. Das hat nichts mit der ursprünglichen Bedeutung des Traumes zu tun. Träume galten von alters her als wichtige Vermittler von Botschaften aus dem Unterbewußten, die jeder verstehen und umsetzen konnte.

Wir müssen den Traum als praktisch verwendbares Produkt unserer Psyche wiederentdecken, das weder der Interpretation eines Spezialisten noch besonderer persönlicher Erfahrungen bedarf. Träume haben immer Aufforderungscharakter. Sie enthalten Botschaften und Informationen, auf die es vordergründig ankommt. Natürlich webt der Traum hintergründig, auf einer anderen Ebene noch seine etwas komplizierteren Muster, die Gegenstand der professionellen Traumdeutung sind, aber das Deuten des Trauminhaltes kann und darf nicht vorrangig sein. Letztlich ist nämlich jede Deutung durch eine andere Person subjektiv und damit verfälscht. Es gibt nur einen einzigen Menschen, der Ihre Träume verstehen und erkennen kann: Sie selbst. Ihre Träume bekommen dann einen Sinn, wenn Sie selbst damit umgehen können, ohne jede fremde Hilfe.

Es gibt keine zweifelsfreien Trauminterpretationen. Unser Wissen über den Traum ist genauso lückenhaft wie das Wissen darüber, warum unser Herz schlägt. Wenn wir unmittelbare Einsichten in unsere eigenen Traumprozesse erlangen wollen, müssen wir lernen, das herauszusehen und herauszuhören, was wir auf der individuellen Frequenz unserer Lebenswahrnehmung empfangen können.

Eine fremde Sprache beurteilen wir zunächst nach ihrem Klang, nach dem Tonfall, nach der Melodie der Sätze, bevor wir sie mit dem Verstand erfassen und die Bedeutung ihrer Worte verstehen lernen. Genauso ist es mit dem Traum. Wenn Sie die Gefühlsqualität des Traumes herausgespürt haben, ergibt sich alles andere von selbst. Wichtig ist, daß Sie den initiierenden Aspekt mitbekommen, jene Aufforderung oder Motivation, die Ihnen der Traum gibt. Motivation kommt vom lateinischen *movere* und bedeutet »das, was in Bewegung setzt«. Der Traum will Sie in eine ganz bestimmte Richtung bewegen, Ihre spirituelle Entwicklung vorantreiben.

Erst wenn alle Versuche, etwas zu bewegen, ergebnislos verlaufen sind, greift der Traum zu perfideren Methoden, um Sie aufzuregen, zu erschrecken oder festzuhalten. Das ist ein deutliches und untrügerisches Zeichen dafür, daß Ihre Traumkraft bisher ignoriert wurde und sich nunmehr autoritär, herausfordernd und provozierend bemerkbar macht, weil es um die dringende Übermittlung eines Anliegens geht. Der Traum wird schrill und lautstark in seiner Aussage. Er bedient sozusagen die Alarmklingel, zieht die Notbremse, holt den Feuerlöscher oder flutet mit einer Bildüberschwemmung in Ihr Bewußtsein, daß Ihnen Hören und Sehen vergeht. Das ist nicht selten auch die allerletzte Warnstufe vor der schizoiden Abspaltung, nach der sich ungelebte Primärpersönlichkeiten oder Charakteranteile des Menschen verkapseln und auf ewig in den Untergrund gehen. Übrig bleibt die falsche, abgespaltene Sekundärpersönlichkeit, die nur temporär und vorübergehend in der Lage ist, die falsche Lebensfunktion des Menschen noch eine Weile mühsam aufrechtzuerhalten.

Was würden Sie sagen, wenn Sie durch Zufall erführen, daß Sie auf irgendeinem Kreditinstitut ein Bankkonto besäßen, von dem Sie keine

Ahnung hatten, und wenn Ihnen der Schalterbe-
amte dann einen Kontoauszug mit einer sechsstel-
ligen Summe vorlegen würde? Sie würden von
einem Wunder sprechen, wären kurz vorm
Durchdrehen und würden an Ihrem Verstand
zweifeln. Ähnliches wird jedoch passieren, wenn
sie sich Ihrem bisher unentdeckten Traumkonto
bei der Bank für Lebenshilfe zuwenden. Sie werden erkennen, wie groß Ihr innerer Reichtum ist.

Solange Sie diesen Reichtum nicht nutzen, liegen rund 33 Prozent Ihrer Möglichkeiten brach.
Wissen Sie, was Ihnen auf diese Weise an Lebensqualität verlorengeht? Sie werden es wissen, wenn
Sie dieses Buch zu Ende gelesen haben und in sechzehn Tagen traumkundig und lebenstüchtig
geworden sind.

Initialträume sind sprechende Träume

»Träume sind unentwirrbar, sprechen in Rätseln
zu uns, arbeiten mit geheimnisvollen, verschlüssel-
ten Symbolen, erfinden phantastische und
abstruse Geschichten, sind fast nie verständlich.«
So und ähnlich lauten viele Vorurteile über die
geheimnisvollen Botschaften, die nachts aus unserem Unterbewußtsein hochsteigen und womöglich unseren Schlaf gefährden.

Natürlich gibt es solche symbolbeladenen Pas-
sivträume, in denen der Träumer der Leidende,
der Gejagte oder gar der Bezwungene ist. Sie hinterlassen ein Gefühl angstvoller Beklemmung und
Ausweglosigkeit. Indem sie die verdrängten Schattenanteile unseres Wesens spiegeln, wollen sie darauf aufmerksam machen, daß wir etwas in den

Hintergrund gedrängt haben, mit dem wir uns aus Angst nicht konfrontieren möchten.

Initialträume dagegen sind ein Konzentrat dynamischer Gefühlsbewegungen des Träumers. Sie verlaufen ganz logisch und sind unmittelbar verständlich, ohne daß man eine besondere Traumsprache heranziehen müßte. Diese Träume berühren den Träumer. Sie schütteln ihn und lehren ihn Lektionen, die für sein ganzes Leben wichtig sind.

In unserem Unterbewußtsein sammeln sich unterdrückte Gefühle aus der Vergangenheit bis zum Überquellen. Wir leben in einer Zeit, in der wir uns Gefühle kaum noch erlauben dürfen. Wer Gefühle zeigt, gilt als schwach; er wird angreifbar und verletzlich. Also hält man die Gefühle zurück, schließt sie ein. Wird der natürliche Fluß der Gefühle ständig gestaut, dann läuft das Gefäß unseres Unterbewußtseins über. Hier dient der Traum als Ventil, indem er die aufgestauten Gefühle in Traumflüssigkeit verwandelt. Das geheimgehaltene Innenleben des Menschen dynamisiert sich. Der Zensor (von dem noch Freud glaubte, er kontrolliere selbst unsere Träume) tritt zurück. Es ist nämlich einer unserer natürlichen Impulse, Gefühle intensiv und offen auszudrücken. Innere Harmonie ist überhaupt nur unter dieser Voraussetzung möglich.

Seelische Gesundheit ist immer das Resultat erkannter und ausgelebter Gefühle. Gefühle wiederum sind Energien, die im Fluß bleiben wollen. Gestaute Energie ist vergeudete Energie.

Wir haben in uns eine bestimmende Kraft, die im Wachzustand, aber ganz besonders in Träumen, in die verständliche Bewußtheit drängt. Die Kraft nenne ich *Traumkraft*. Sie ist die Verwirklichung alles noch Unbekannten, alles Werdenden, alles

Seienden und alles Zukünftigen. Sie spricht die Sprache der logischen Worte, bedient sich aber auch der noch viel umfangreicheren und aussagekräftigeren Bildersprache, die zum ältesten Kulturgut der Menschheit gehört. Unsere Traumkraft arbeitet kongenial. Sie schafft Realismen und Phantasmen gleichzeitig, sie trennt aber auch in überschaubarer Ordnung und verschmilzt im Initialtraum mit der emotionalen Energie des Traumes zu einer verständlichen, einfachen, diesseitigen Aussage.

Sogenannte Serienträume (fast jede Nacht träumen wir mit vier oder fünf Traumsequenzen in dem REM-Phasen einen Serientraum) neigen dazu, nach vielen vergeblichen Anläufen plötzlich »Klartext zu sprechen«. Sind alle zarten Andeutungen und Hinweise vom Träumer nicht wahrgenommen worden, verdichtet sich die Schubkraft des Traumes in Richtung Realität. Der Initialtraum schafft plötzlich handfeste Dinglichkeit und Hinweise, welche Initiativen wir zu ergreifen, was wir zu tun haben, damit es uns besser geht.

Der Initialtraum ist einem Sender vergleichbar, den man überall und immer, bei Tag und bei Nacht empfangen kann. Man muß lediglich selbst still sein, die eigenen Gedanken zum Schweigen bringen, damit man die Traumwelle hören und fühlen kann. Auch braucht es keinen besonderen Ort, um diesen Sender zu empfangen. Man kann sowohl wach als auch schlafend träumen – in der Straßenbahn, im Bus, auf einer Sommerwiese, im Restaurant oder auch im Supermarkt vor vollen Regalen. Der Traum hat keine Heimstatt, er wohnt überall, selbst da, wo Menschen zusammentreffen. Man sieht es manchmal an ihren leeren Gesichtern und abirrenden Blicken, daß sie überall sind, nur nicht im Hier und Jetzt. Eingeholt von der handlungsinitiierenden Aufforderung ihrer Traumkraft, stehen sie fasziniert vor dem Spiegel ihrer überflutenden Gefühle, während ihr äußeres Auge etwas ganz anderes sieht und ihr Körper etwas ganz anderes tut.

Wir leben auf vielen Ebenen und müssen immer wieder erkennen, daß Träume Gefühle sind und nichts anderes. Allerdings Gefühle einer höheren, bestimmteren und energischeren Qualität, die sich nicht nur des Vehikels der Logik bedienen, wie bei den Initialtraumreisen, sondern sich manchmal auch auf wilde zottige Pferde, aber auch auf Bestien und Monster schwingen können, um mit furchterregender Gebärde und Peitschenknall dafür zu sorgen, daß wir aus dem Schlaf aufschrecken.

Im Initialtraum geschieht manchmal mehr als im wirklichen Leben. Hier werden Pläne und Handlungskonzepte geschmiedet, die, verwirklicht und ausgelebt, dem Menschen zum Segen werden. Unsere Traumkraft kennt nämlich den vorgegebenen Plan des Schöpfers und hilft uns, den Kurs zu halten oder überhaupt einzuschlagen. Der Intellekt als Ernährer des veräußerlichten und materiegebundenen Egos will zumeist eine ganz andere Reiseroute einschlagen, auf der wir uns nicht selten verirren. Der Weg zurück ist dann weit. Hätten wir nur auf unsere Träume gehört, die uns genügend Fahrpläne für andere Strecken gezeigt haben.

Der Initialtraum ist kein Gespinst unserer Phantasie, die natürlich auch ihre Entsprechungsebene im Traum hat. In ihm drückt sich vielmehr unser Unterbewußtes aus und bittet »zur Sache«. Die Traumkraft analysiert uns selbst, und diese Selbstanalyse findet nicht im Kopf, sondern im Bauch statt – dort, wo das Unterbewußtsein wohnt, im Solarplexus – dort, wo unsere Traumkraft mit unerbittlicher Strenge alle Einzelheiten unseres Lebens registriert, um sie uns zum gegebenen Zeitpunkt freudig oder bitter »aufzutischen«.

Erlösung kommt nur aus unserer inneren Welt

Erlösung kann nur aus uns selbst kommen. Sie kann uns niemals von außen zuteil werden. In der Genesis wird berichtet, wie Josef die Hofbeamten des Pharao auffordert, ihm ihre Träume zu erzählen, wenngleich »das Deuten von Träumen Gottes Sache« ist (Genesis 40;8). Wenn ich recht gezählt habe, sind es 132 Träume, die in der Bibel eine ganz wichtige Rolle spielen.

»Der Traum ist die direkte Symbolsprache Gottes zu den Herzen der Menschen«, sagt Friedrich Weinreb. Wir haben heute, in einer Zeit der Veräußerlichung, große Schwierigkeiten, mit unserem Höheren Selbst, mit Gott, mit dem Kosmos, mit all dem, was höchste Schöpfungskraft ist, zu kommunizieren. Im Buch Hiob (33;15) ist davon die Rede, daß Gott im Traum, im Nachtgesicht, den Menschen warnt, dann, wenn tiefer Schlaf ihn befällt. Der vielleicht wichtigste Traum, von dem die Bibel berichtet, scheint mir jedoch Jakobs Traum von der Himmelsleiter zu sein (Genesis 28;10 - 20). »Eine Leiter stand auf der Erde, ihre Spitze berührte den Himmel. Gottes Engel stiegen auf und nieder.« So beginnt dieser Traum. Die Himmelsleiter ist ein Symbol für den Traum schlechthin. Sie ist das Werkzeug, das Gott dem Menschen für seinen Aufstieg gibt, die Verbindung zwischen unserem menschlichen Sein und der Transzendenz, die Brücke in den Himmel. Die Engel Gottes steigen auf dieser Leiter auf und nieder, um uns ihre Botschaften zu bringen und im himmlischen Reich über uns zu berichten. Auf diese Weise kommunizieren wir mit den himmlischen Mächten, mit Gott.

In der hochscholastischen Periode des Katholizismus beging die Kirche den Fehler, die Bibel nur noch rational zu deuten, nicht mehr emotional und symbolhaft. So verlor sie den Zugang zu ihrer eigenen Lehre und damit auch das Verständnis für deren Symbole und Rituale. Dies hat den Glauben entblößt und unglaubwürdig gemacht, und wir stehen heute vor dem Resultat dieser Entwicklung.

Die Träumer selbst schneiden in der Bibel nicht gerade positiv ab. Sie werden gehaßt und verfemt und teilweise sogar verfolgt. Auch Josef muß flüchten, nachdem er negativ über seine elf Brüder geträumt und deren wirtschaftlichen Zusammenbruch vorausgesehen hat. Er wird verfolgt und soll sogar getötet werden. Josef ist der elfte der zwölf Söhne Jakobs, was eine numerologische Bedeutung hat. Die Elf ist die doppelte Eins, Gottes Verkündigung auf der höheren Ebene. Der Elfte ist besonders ausgezeichnet, daher liebt Jakob seinen Sohn Josef über alles. Er ist sein Lieblingssohn. Josef, der Träumer, weiß um das Schicksal seiner Familie. Er sieht träumend ihr Leben voraus, und die Brüder, die ihn hassen und umbringen wollen, spüren doch Josefs Verbindung zum Göttlichen. Der bunte Rock des Träumers Josef *(Ketunet Passem* im Hebräischen) steht symbolisch für die Vielfalt des Lebens, die Buntheit der ganzen Welt, die der Träumer in sich trägt und die er über seine Träume enthüllt.

Jeder von uns trägt diese Vielfalt in sich, und unsere Träume künden davon. Manchmal ist diese Botschaft nicht sofort verständlich, aber oft ist der Traum ganz einfach und direkt. Der Träumende selbst, sein Wachbewußtsein und sein Intellekt, ist dann nicht in der Lage, diese einfache Botschaft anzunehmen. Hier können andere Menschen zur zweiten Himmelsleiter werden. Sie haben oft ein viel unmittelbareres Verständnis dessen, was wir in unserer eigenen Kompliziertheit gar nicht erkennen. Indem wir anderen unsere Träume erzählen und sie so an unserer inneren Welt teilhaben lassen, erkennen wir uns selbst im Spiegel, den sie uns vorhalten.

In sechzehn Tagen
träumen lernen

Erste Woche
Der Traum als Wächter meines Ich

Erster Tag
Meine verdrängten Gefühle

> Träume bewegen verdrängte und festgefahrene Gefühle, die sich ausleben wollen.

Unsere Träume legen unsere Gefühle bloß. Sie befreien sie und kleiden sie in Bilder. Ja mehr noch: Die Gefühle, die zu kurz gekommen sind oder beiseite geschoben wurden, werden zu den Bildern in unseren Träumen.

Der Traum summiert alle Gefühle, die wir produzieren, und macht daraus ein anschauliches Lebensgefühl, das unsere augenblickliche Seinsform mit allen Plus- und Minuszeichen widerspiegelt. Im Traum fühlen wir, wie unser Leben wirklich ist. Daher sollten wir uns immer wieder fragen:

Wie fühlen sich die Bilder im Traum an? Welches ist das wichtigste Bild, welches der lustigste Schnappschuß? Welche Bildsequenz bedrängt, belastet oder stört mich?

All diese Bilder zeigen Ihnen, wie Sie bisher wirklich gelebt haben, wie Sie sich dabei gefühlt haben und wie Sie leben könnten, wenn Sie wollten und bereit wären, jetzt, in diesem Augenblick, eine Entscheidung zu treffen, denn das, was wir denken, fühlen wir, und so wie wir fühlen, handeln wir. Und unsere Handlungen werden uns zurückgegeben.

Wir müssen uns nicht unbedingt abfinden mit den Bildern, die uns Nacht für Nacht einen Spiegel vorhalten. Wir können sie ändern, indem wir unsere Denkweise, unser Fühlen, unser Leben verändern. Wir können uns andere Bilder vorstellen oder erträumen, um so die Blaupause einer künftigen Wirklichkeit zu schaffen. Wir können hinaustreten aus dem alten Bild und in eine neue, farbenprächtigere und bewegtere Szene eintreten. Und schon nach wenigen Sekunden wird es sich in unserem Körper völlig anders anfühlen.

Die moderne Psychologie bezeichnet das als »Selbstprogrammierung«. Sie brauchen dazu jedoch keine Beratung und keine Erfahrung. *Allein Ihre Phantasie ist der Quell dieses ständig sprudelnden Reichtums, den Sie nur anzuzapfen brauchen.*

Da aber keine gebratenen Tauben in den Mund fliegen, sollten Sie vorher in ehrlicher Selbsteinkehr einige Fragen beantworten. Sie werden feststellen, daß die Beantwortung der folgenden Fragen ständige aufmerksame Selbstbeobachtung voraussetzt, denn erst, wenn Sie mit Ihren Gefühlen umzugehen gelernt haben, wenn Sie sie erkennen, benennen und darüber mit anderen Menschen sprechen können, haben Sie einen hohen Grad an persönlicher Freiheit erreicht.

1. Wann und warum fühle ich mich verwirrt, festgefahren, rastlos, abgekämpft, niedergeschla-

gen, deprimiert oder gar unnütz? Welche Menschen und welche Situationen lösen solche Gefühle in mir aus?

2. Wann, wo und mit wem bin ich freudig, beschwingt, angeregt, heiter und lustig? Wie oft und in welchen Lebenssituationen kommt das vor?

3. Bin ich zufriedener und glücklicher, wenn ich allein oder wenn ich mit anderen Menschen bin?

4. Wann fliehe ich vor mir selbst und welche Vermeidungsängste bringen mich um vielleicht schöne und beglückende Gefühle?

5. Womit ziehe ich mich selbst seelisch herunter? Welche vermeidbaren Gedanken sind es, die mich schlecht fühlen lassen und die mir immer wieder in den Sinn kommen, ohne daß ich irgend etwas dagegen tun kann?

6. Welche heimlichen Gefühle suche ich in der Sexualität? Wie und wodurch versuche ich, sie mir manchmal zu erschwindeln, anstatt ganz offen mit meinem Partner darüber zu reden?

7. An welchen Stellen in meinem Körper entstehen Verspannungen, Krämpfe, Zuckungen oder Schmerzen, wenn ich bestimmte Gefühle nicht zulasse oder verweigere? Welche Organe melden sich auf unangenehme Weise?

Es ist nicht so wichtig, daß Sie Ihre Träume verstehen. Nicht immer enthalten Träume verschlüsselte

Botschaften, die der Interpretation bedürfen. Es genügt, wenn Sie sich in entspanntem Zustand und in aller Ruhe gefühlsmäßig auf Ihre Traumbilder einlassen. Dann kommt von ganz allein hoch, was angenehm oder unangenehm ist, wichtig oder unwichtig, wovon Sie zuviel bekommen und wovon zuwenig.

In unserer verwalteten, durchrationalisierten Gesellschaft, in der in erster Linie das logisch Beweisbare zählt, sind wir zunehmend zu Gefühlskrüppeln geworden. Die rechte Gehirnhemisphäre, die das kreative Potential enthält,hat sich zurückgebildet und wird nur noch selten von der für die Logik zuständigen linken Gehirnhälfte zum Mitmachen aufgefordert.

Ernst, Unnahbarkeit, Egoismus, Starrheit und Abgeschiedenheit sprechen aus den Gesichtern der meisten Menschen. Die achtundzwanzig verschiedenen Gesichtsmuskeln werden angestrengt kontraktiert und gestalten eine Maske, hiner der die Gefühle verpanzert werden. Das nennen wir »beherrscht und autonom«.

Der Traum ist so etwas wie eine Wetterkarte unserer Gefühlswelt, auf der wir Hochs und Tiefs heraufziehen oder sich auflösen sehen können. Wir können erspüren, wo eine unerwartete Wetterfront heraufzieht, und wir können uns darauf vorbereiten. Die einzige Voraussetzung ist, daß wir auf die Karte schauen und uns mit ihren Farben, Formen und Aussagen vertraut machen. Dazu ist nichts weiter nötig als das ganz normale Gefühl, das jedem Menschen in die Wiege gelegt worden ist. Schließlich wissen Sie ja auch, wann Sie einen Regenmantel anziehen, wann den Winterpelz und wann Sie den Sonnenhut aufsetzen müssen.

Es gibt einige Regeln, nach denen wir unsere Traumgefühle unterscheiden können, nämlich nach deren Intensität zum einen und nach der Häufigkeit ihres Auftretens zum anderen. Bei der Intensität unterscheiden wir

unbestimmt / schwach / gerade erkennbar / deutlich / stark / sehr stark / übermächtig.

In der Häufigkeit unterscheiden wir

oft / manchmal / selten / nie.

Zweiter Tag
Meine inneren Konflikte

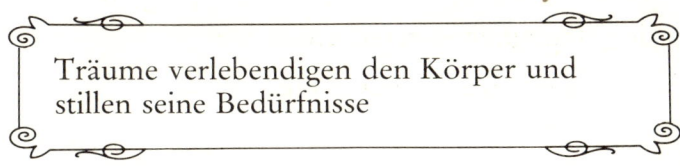

Träume verlebendigen den Körper und
stillen seine Bedürfnisse

Unser Körper hat Bedürfnisse, und er äußert sie.
Hunger und Durst sind solche Bedürfnisse. Auch
der Schlaf gehört dazu. Unser Bedürfnis nach
Fortpflanzung kommt im Sexualtrieb zum Ausdruck.

Triebe sind gerichtete Energie, die nach Befreiung sucht. Dies geschieht, indem sich die Energie
zunächst staut, um dann, durch bestimmte Bedürfnisse ausgelöst, in die Wirklichkeit zu drängen.
Besessen von der Macht unseres Verstandes sind
wir jedoch von frühester Jugend an darauf geeicht,
diesen Bedürfnissen nicht mehr voll und ganz zu
genügen. Schon in der analen und oralen Phase
werden die natürlichen Körperfunktionen durch
die Form der Erziehung in einer »zivilisierten
Gesellschaft« wesentlich eingeschränkt: Wir dürfen nicht auf die Toilette gehen, wann und wo wir
wollen. Wir haben nur noch dreimal am Tag Hunger zu haben. Wir sollen mindestens sieben bis acht
Stunden schlafen.

Solch starre Regeln gehen an der Tatsache vorbei, daß jeder Mensch ein unverwechselbares und

einzigartiges Individuum ist, dessen Bedürfnisse grundverschieden von den Bedürfnissen anderer Menschen sein können.

Oft werden Bedürfnisse, die der Körper über bestimmte Impulse signalisiert, auch einfach überhört. Wir essen mehr als wir vertragen. Wir trinken mehr als uns guttut. Wir putschen uns auf mit irgendwelchen Genußgiften, gegen die unser Körper eine ganz natürliche Sperre aufbauen würde, wenn unsere ursprünglichen feinen Instinkte nicht schon längst abgestumpft wären. Wir gehen unerzogen, liederlich und kaltherzig mit unserem Körper um. Darüber täuscht auch die Tatsache nicht hinweg, daß wir ihn womöglich einmal am Tag gründlich säubern. Wer kennt schon sein eigenes Muskelspiel oder weiß über die Reaktionen seiner Haut Bescheid? Wir können mit der Haut sehen. Über winzigste Erschütterungen in der Zellmembrane werden die aufgenommenen Botschaften und Informationen im Gehirn zu Bildern und Wahrnehmungen verdichtet.

Die Traumkraft weiß um die Bedürfnisse unseres Körpers. Sie registriert alles, was starr, festgezurrt und verpanzert ist. Jede noch so kleine Freiheitsbeschränkung und Einengung der freifließenden Energie wird als potentielle Störung entlarvt und über Nacht in Traumbilder überführt. So weiß ich etwa aus meiner Fastenzeit, daß meine Traumkraft an kritischen Tagen visionäre Schlemmermahlzeiten und orgiastische Freß- und Saufgelage initiiert hat.

Im Traum wird herbeigezaubert, was der Körper in Wirklichkeit entbehren soll oder muß. *Ungelebte Bedürfnisse werden im Traum gestillt.* Mangel wird wettgemacht, Fehlendes wird ersetzt,

Dunkles wird zu Licht und allzu Gleißendes wird stumpf. Es ist, als würde uns über den Traum eine Dosis neuen Lebens verabreicht. Wir müssen nicht auf der Schattenseite des Lebens stehen, sondern können alle Freuden dieser Welt genießen.

Lebendigkeit hat etwas mit lebend sein zu tun, lebend sein ohne Begrenzung von Raum und Zeit. Das ist uns im Traum möglich. Er zeigt uns alle Möglichkeiten auf, wie wir die Einschränkungen, die wir unfreiwillig oder sogar freiwillig auf uns genommen haben, abbauen können.

Bitte beantworten Sie folgende Fragen möglichst offen:

1. Was kann und will ich mir einfach nicht gönnen, weil ich zu knauserig und geizig bin?

2. Was wird mir von anderen Menschen vorenthalten? Warum habe ich mich so daran gewöhnt zu glauben, ich hätte keinen wirklichen Anspruch auf gewisse Dinge?

3. In welcher Beziehung haben meine Eltern Bescheidenheit und Zurückhaltung von mir erwartet?

4. Mit welchen Idealen wurde ich erzogen?

5. Worauf glaube ich ein Anrecht zu haben? Mit welchen Beschränkungen habe ich mich bereits abgefunden?

6. Was ist es, das mich auch anderen Menschen gegenüber kleinkariert und beschränkt wirken läßt?

7. Was habe ich einfach noch nicht ausprobiert, um wirklich darüber urteilen zu können? Welche Grenzen habe ich mir in bezug auf Genuß selbst gesetzt? Welche Namen habe ich solchen »Auswüchsen« gegeben?

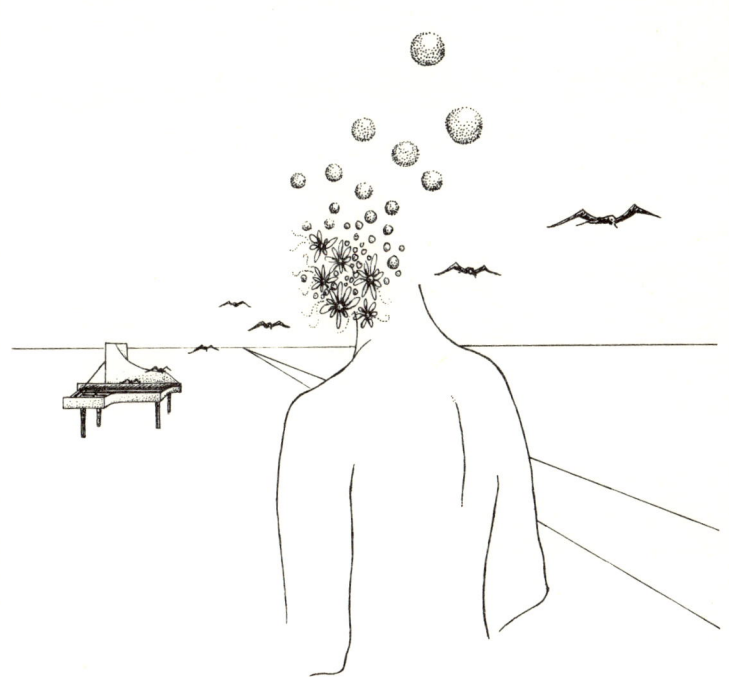

Alle Wünsche steigen aus dem Unbewußten auf

Dritter Tag
Mein Rollenspiel

> Träume klären widerstreitende Empfindun-
> gen und lösen innere Konflikte.

Polare Gegensätze und widerstreitende Empfindungen sind naturgemäß in uns angelegt. Kein
Mensch bleibt davon verschont. Der Konflikt zwischen den gegenpoligen Kräften führt zu einer
inneren Streßsituation: Wir können uns nicht entscheiden, sind unsicher, wankelmütig, haben
Angst vor der Zukunft. Der Psychologe spricht
von »Ambivalenzen«. Ein Leben lang kämpfen wir
damit. Haben wir in einem Bereich unseres Innen-
lebens Klarheit geschaffen, entsteht in einer anderen Ecke bereits wieder ein neuer Konflikt. Diese
Konflikte sind jedoch auch wichtige Lernstufen.
Ohne ihre Bewältigung könnten wir nicht wach-
sen. Es ist wichtig, daß wir Einsicht in die Ursachen und Zusammenhänge des Konflikts gewinnen und daß wir unserer inneren Stimme folgen,
die in der Antwort unserer Traumkraft mit un-
trüglicher Sicherheit aufscheint.

Niemand weiß besser als Ihre Traumkraft, was
Ihnen guttut und was für Ihre weitere Entwicklung
förderlich ist, selbst wenn es im Moment nach dem
Gegenteil, nach einem Rückschritt aussieht. Hier

lebt noch unser animalischer Urinstinkt, dem ein ungeheuer starker Überlebenstrieb zugrunde liegt. Ich habe mir angewöhnt, in allen Konfliktsituationen meine Traumkraft um Rat und Hilfe zu fragen, auch wenn ihre Antwort manchmal erst auf Umwegen oder ein wenig getarnt und verschleiert zu erkennen ist. Dies hängt mit der Umständlichkeit der eigenen Denkweise zusammen. Je komplizierter mein Denken ist, desto verworrener und unklarer sind auch meine Träume.

Wer innerhalb seines gestaltungsfähigen »kleinen Schicksals« eine klare Spur verfolgt, bekommt auch klare Antworten von seinem Höheren Selbst, mit dem die Traumkraft in ständigem Kontakt steht. Er lebt nämlich im Einklang mit den kosmischen Gesetzen.

Unsere Traumkraft gibt uns immer wieder Fingerzeige und Erkenntnishilfen für den richtigen Weg.

Beantworten Sie folgende Fragen in aller Offenheit:

1. Was kann ich an mir selbst nicht leiden, ohne daß ich es bisher in den Griff bekommen hätte?

2. In welche Falle gerate ich immer wieder und merke es erst viel zu spät?

3. In welchen Situationen kann ich mich schlecht oder gar nicht klar entscheiden und gehe einen faulen Kompromiß ein, der mir später zum Nachteil gerät?

4. Welche Eigenschaften oder Verhaltensweisen regen mich bei anderen am meisten auf, ohne

daß ich erkenne, daß ich diese Anlagen auch in mir selbst spüre und verabscheue?

5. In welchen Situationen kann ich einfach nicht nein sagen?

Gerade weil Konflikte überwiegend unbewußt sind, kann sie der Traum so gut offenlegen und lösen helfen. Der Verstand erdenkt kunstvolle, aber umständliche Konstruktionen, die zunächst in die Irre führen müssen. Oft werden wir auch von anderen Menschen beeinflußt. Wir nehmen etwas auf, was mit unserem eigenen Selbst nichts gemein hat. *Jede Beeinflussung eines anderen Menschen ist Manipulation.* Wir müssen davon ausgehen, daß wir die Gesamtstruktur eines anderen Menschen auch nicht annähernd erkennen können. Aber Beeinflussung anderer gehört nun mal zu den Lieblingsbeschäftigungen aller Menschen. Indem man Einfluß ausübt, erweitert man den eigenen Machtbereich und zwingt den anderen in die Knie.

All unsere Wünsche kommen aus unserem Unbewußten. Sie werden zuerst geträumt und verdichten sich in Bildern, die wir auch Ideen und Vorstellungen nennen. Eine Vorstellung richtet sich immer in die Zukunft, denn das Erträumte stellen wir vor uns hin. Bereits Aristoteles wußte um das Finalbild, das Bild des Wirklichkeit gewordenen Wunsches. Aristoteles meinte, daß sich der Mensch aus dem unbewußt konsequenten Drängen auf die Leitprojektion hin sukzessive entsprechende Etappenbilder schafft. Er kann gar nicht anders, denn er wird tatsächlich von einer höheren Instanz geführt. Voraussetzung ist allerdings, daß der Wunsch geprüft und für würdig befunden wurde. Auch hier gibt uns unsere Traumkraft Aufschluß. Nach zwei bis drei Nächten erhalten wir gewöhnlich eine Antwort, die uns zeigt, ob unser Wunsch angemessen war. War er zu hoch angesetzt, erhalten wir eine klare Absage. Vielleicht haben wir aber auch zu tief gestapelt, sind zu kleinmütig an eine große Sache herangegangen, haben nur die Peripherie einer zentralen Bedeutung gestreift. Dann werden wir in unserem Wunsch ebenfalls nicht bestärkt.

Der Traum rückt die Dimension zurecht. Er ist die Blaupause unserer zukünftigen Wirklichkeit. Menschen, die sich über die Dürftigkeit ihres Lebens beklagen, haben nie daran gedacht, selbst etwas für sich zu entwickeln, etwas herauszulösen aus einer kühnen Vision. Sie haben weder Leinwand noch Pinsel gekauft, möchten aber dennoch schöne Bilder haben, ohne je selbst einen Strich dafür getan zu haben. Sage mir, wie du träumst, und ich sage dir, wie sich dein Leben in Zukunft gestalten wird. Kümmerliche, armselige und in Zurückhaltung ersterbende Träume, in denen nur von unten nach oben geschaut wird, verdeutlichen den unterwürfigen Standpunkt des Träumers. Hier wird ihm klargemacht, wie mickrig er sich verhält oder verhalten hat. Je greller und dramatischer die Traumbilder sind, desto mehr drängen sie den Träumer dazu, etwas in seinem Leben zu verändern. Eine Verwandlung muß im Innern des Menschen vor sich gehen, damit sich auch in seinen äußeren Lebensumständen etwas ändern kann.

Folgende Fragen sollen Ihnen helfen, sich über Ihre Wünsche und den Sinn Ihres Lebens klarzuwerden:

1. Was möchte ich im Leben erreichen? Welche Anlagen, Fähigkeiten und Talente muß ich dafür weiter ausbauen und vertiefen?

2. Welche Pläne kann ich mittelfristig für mich aufstellen, um sie konsequent zu verfolgen?

3. Habe ich überprüft, ob meine Ziele und Wunschvorstellungen nicht nur für mich, sondern auch für andere Menschen zum besten sind und damit im Einklang mit den kosmischen Gesetzen?

4. Sind meine Wünsche nur auf vordergründige Bereicherung ausgerichtet oder dienen sie meiner spirituellen Entwicklung?

5. Sind meine Wünsche oberflächlich auf Lustgewinn, Zerstreuung, Vergnügen und Müßiggang ausgerichtet? Schade ich anderen Menschen damit?

6. Bauen meine Wünsche nacheinander (nicht gleichzeitig) sinnvoll aufeinander auf und ermöglichen sie mir einen weitreichenden geistigen, bildungsmäßigen, philosophischen oder religiösen Ausblick auf das Leben in Gemeinschaft mit der Natur?

7. Entsprechen meine Wünsche der Leitmaxime der Hunas »Diene, um zu verdienen«?

Vierter Tag
Mein Körper und ich

> Meine Beziehung zu meinem Körper ist Ausdruck meiner Selbstakzeptanz. Sie spiegelt auch meine Beziehungen zu anderen Menschen.

Unser physischer Körper ist der Träger unseres Geistkörpers. Im esoterischen Sinne existieren um unseren physischen Körper herum noch viele andere Körper: der Denk- oder Mentalkörper, der Gefühls- oder Astralkörper und der feinstoffliche Körper, der Ätherkörper oder *Linga Sharira* im Sanskrit. All diese Körperebenen hängen energetisch sehr eng zusammen und durchdringen sich gegenseitig. Sie sind voneinander abhängig. Auch hier gilt der Satz des Hermes Trismegistos »Wie innen, so außen« oder umgekehrt. Unser physischer Körper spiegelt unsere innere Befindlichkeit nach außen.

Unsere Träume malen allegorische oder auch völlig unverschlüsselte Bilder unseres Körpers und seiner Wirkung in der äußeren Welt. Wir entdecken Schwächen oder Störungen in einzelnen Körperpartien, die im Traum kompensiert werden. Oft hackt der Traum so lange auf den gefährdeten oder vernachlässigten Organen oder Körperstellen

herum, bis auch der dickfelligste Träumer plötzlich aufwacht. Alle Traumbotschaften enthalten
eine Grundbedeutung: *Wir sollen gewahr werden.*
Wir sollen das in uns Aufscheinende als *wahr*
annehmen und festhalten.

Die Tatsache, daß wir unseren Körper pflegen,
sagt noch nichts über unsere innere Beziehung zu
ihm aus. Viele Frauen schminken ihr Gesicht und
machen es damit zu einer unkenntlichen Maske.
Sie möchten sich anders sehen als sie wirklich sind.
Könnte der Fasching eine so starke Anziehungs-
kraft auf viele Menschen ausüben, wenn hier keine
gesellschaftlich akzeptierte Gelegenheit geboten
würde, einmal im Jahr aus der eigenen Haut zu
schlüpfen und jemand anderes zu sein?

Indem Sie die folgenden Fragen ehrlich und aufrichtig beantworten, tun Sie den ersten Schritt zur
Klärung Ihrer Körperbeziehung.

1. Was gefällt mir besonders gut an meinem Körper?

2. Kann ich das Spiegelbild meines nackten Kör-
   pers genießen oder kommen spontan kritische
   Empfindungen oder gar Ablehnung in mir auf?
   Wenn ja, welche?

3. Zu welchem Körperteil habe ich eine besonders
   positive Beziehung?
   – zu meinem Kopf?   – zu meinen
   – zu meinem Hals?   Geschlechtsteilen?
   – zu meinem Oberkörper? – zu meinem Po?
   – zu meinen Armen?   – zu meinen Hüften?
   – zu meinen Händen?   – zu meinen Beinen?
   – zu meinem Bauch?   – zu meinen Füßen?

Fragen Sie Ihre Traumkraft, warum Ihre Beziehung zu einzelnen Körperteilen gestört oder negativ beeinflußt ist. Sie erhalten bestimmt eine Antwort, wenn Ihr inneres Bedürfnis nach Klärung aufrichtig ist. Fragen Sie sich:

1. Was stört mich an meiner Figur und warum?

2. Was behindert mich in der Fortbewegung oder bei der täglichen Arbeit?

3. Was stört nach meinem Empfinden andere Menschen an meinem Körper und erschwert ihre Beziehungen zu mir?

4. Wann und wodurch habe ich die Beziehung zu meinem Körper oder zu bestimmten Körperteilen verloren? Ist dieser Beziehungsverlust durch einen anderen Menschen ausgelöst worden?

5. Welche Schäden hat mein Körper bisher davongetragen? Durch welche Ereignisse oder Personen wurden diese Schäden ausgelöst?

6. Wie haben diese Schäden mein Lebensgefühl beeinträchtigt?

Nehmen Sie sich Zeit zur Klärung dieser Fragen. Am besten ist es, wenn Sie sie nach vorausgegangener Tiefenentspannung auf dem Fußboden liegend zu beantworten versuchen. Sichern Sie sich eine ungestörte halbe Stunde für diese Übung. Machen Sie sich Notizen über die feinen Impulse, die in Ihnen zu spüren waren. Wichtig ist, daß die Erkenntnis in Ihnen aufkeimt, zu welchen Organen Sie eine liebevolle oder eine negative Beziehung haben. Die Organe, die Sie »kaltlassen«, sind gestört, die blutvoll warm empfundenen sind gesund. Zu als unwichtig empfundenen Körperteilen fließt das Blut nicht mehr so gern. Es ist möglich, Stoffwechselstörungen, Blutdruckschwankungen, chronische Hypertonie und so weiter über den Traum auszugleichen. Sie werden am vierzehnten Traumlerntag etwas darüber erfahren.

Lustbetonte Bewegung, die ja die Triebfeder aller freiwilligen sportlichen Aktivitäten darstellt, ist für das körperliche Wohlbefinden von ausschlaggebender Bedeutung. Welche Sportart bereitet Ihnen besondere Freude? Laufen, Schwimmen, Reiten, Hüpfen, Springen? Wo empfinden Sie manchmal Schmerzen? Was will Ihnen dieser Schmerz ankündigen? Wovor möchte er Sie warnen?

Haben Sie einmal Ihre eigenen Schlafstellungen beobachtet? Wie und in welcher Stellung schlafen Sie am liebsten? Auf welcher Seite? Auf dem Bauch oder auf dem Rücken? Zusammengekringelt oder ausgestreckt? Welches Bein ziehen Sie an? Schlafen Sie flach oder mit erhöhtem Kopf, weich oder hart? In welcher Lage träumen Sie am besten?

Eingerollte Schlafstellungen drücken ein starkes Bedürfnis nach Sicherheit und Selbstschutz aus. Die Bauchlage spiegelt den Rückzug ins Unbewußte, die Selbstbeschau, und läßt auf ein betontes Gefühlsleben schließen. Realisten bevorzugen die Rückenlage und spiegeln im geraden Ausgestrecktsein die Unerschrockenheit und Angstlosigkeit ihrer ganzen Lebenshaltung. Liegt man auf der Herzseite, so schützt man unwillkürlich sein

Liebeszentrum. Liegt man dagegen auf der rechten Körperseite, möchte man die Denkmaschine abgeschaltet wissen. Links schläft man übrigens schneller ein. Die überstrapazierten Beine werden in der Regel angezogen oder aufgestellt, was sie entlastet. Eingekuschelte Schlafstellungen, wie sie auch noch bei Erwachsenen zu beobachten sind, verraten eine vielleicht nicht voll ausgelebte Kindheit. Bettet man den Kopf sehr hoch, so ist das ein Zeichen dafür, daß man selbst im Schlaf »wach« sein möchte. Die sogenannte Geierhaltung signalisiert Neugier und das Bedürfnis, ständig seine Nase ganz vorn zu haben. Wer sein Gesicht schlafend im Kissen vergräbt, hat unbewußte Ängste, über die sich sein Wachbewußtsein vielleicht gar nicht im klaren ist.

Schlafposition und Traumerleben stehen in Verbindung miteinander. Einer der Tricks, den man anwenden kann, wenn man sich an seine Träume erinnern will, besteht darin, daß man sich morgens so lange vorsichtig im Bett hin- und herbewegt, bis die Körperlage wieder erreicht ist, in der man geträumt hat. Es ist bislang nicht geklärt, wie dieses Phänomen zustande kommt.

Was aber sagt Ihre Beziehung zu Ihrem eigenen Körper über Ihre Beziehung zu anderen Menschen? Nur in dem Umfang, in dem Sie sich selbst vorbehaltlos mit Ihren unbewußt oder bewußt definierten Einschränkungen akzeptieren, können Sie vorurteilsfrei und unbelastet auf andere Menschen zugehen. Die nonverbale Körpersprache mit ihrem riesigen Ausdrucksspektrum, das jenes der Sprache bei weitem übertrifft, ist sozusagen die Eintrittskarte in den Vorhof menschlicher Beziehungen. In dem Umfang, in dem Sie selbst in der freien Beweglichkeit Ihres Körpers gehemmt sind, wird sich auch das Feld Ihrer mitmenschlichen Beziehungen verengen oder erweitern. Vor einem robotergleich erstarrten Menschen, der sich weder in Mimik noch in Gestik zum Ausdruck bringt, erstarren auch die anderen unbewußt zu Salzsäulen.

Fünfter Tag
Meine sexuellen Bedürfnisse

> Sexuelle oder erotische Träume spiegeln zumeist unbewußte Motive der Vortäuschung oder Enttäuschung im Geschlechtsverkehr. Sie konfrontieren uns mit ungelebten oder verdrängten Trieben.

Der Sexualtrieb treibt wie kaum ein anderer Trieb mit magischer Gewalt. Wird er auf harmonische Art befriedigt, dann *umfriedet* er. Unbefriedigt aber muckt er gewaltig auf, wird aggressiv und unberechenbar. Kein Wunder also, daß dieser Trieb auch in höchstem Maße traumstimulierend ist. Sigmund Freud hielt die Libido gar für den generellen Traumauslöser. Wenngleich die moderne Traumforschung diese Ansicht nicht mehr teilt, so nehmen sexuelle Träume dennoch nach wie vor einen breiten Raum im Traumleben vieler Menschen ein.

Ein Grund dafür liegt in unserer widernatürlichen Scheu, unsere erotischen und sexuellen Bedürfnisse zu artikulieren, was letztlich in die Selbsttäuschung führt. In dem Umfang, in dem man sich die Befriedigung seiner eigenen sexuellen Bedürfnisse versagt, versagt man sie auch seinem Partner. Frauen liefern sich der männlichen Forderung nach Geschlechtsverkehr widerwillig aus und degradieren ihn so zu einer Pflichtübung, die mit uneingestandener Langeweile absolviert wird. Oft mangelt es beiden Partnern an Phantasie oder Kreativität. Federico Garcia Lorca, ein spanischer Schriftsteller, hat diese Verarmung der erotischen Beziehungen treffend charakterisiert:

> »Es sind Geschäftsabschlüsse, keine Ziererei, wenig Blumen, keine Zeitvergeudung durch umständliche Komplimente, Gedichte und langatmige Verführungen, keine Komplikationen und bitte keine Szenen.«

Die Vortäuschung eines nicht vorhandenen Hochgefühls, eines Orgasmus, ist ein Kardinalbetrug am Partner, der durch den Traum schonungslos aufgedeckt wird. Wenn wir davon ausgehen, daß Träume nichts anderes sind als Träger unserer Gefühle und daß in der Sexualität Gefühle und Empfindungen ausgedrückt werden, die verbal gar nicht mehr erfaßt werden können, dann ist auch klar, daß nicht ausgelebte Gefühle im Traum kompensiert werden. Zurückgehaltene sexuelle Wünsche entladen sich im Traum mit vehementer Urgewalt. Umgekehrt kann es aber auch passieren, daß der nimmersatte Don Juan, dessen Eroberungsfreude ohnehin ein Symptom seines inneren Unbeteiligtseins ist, im Traum zu einem impotenten Gartenzwerg zusammenschrumpft.

Manche sexuellen Bedürfnisse werden erst über einen Traum deutlich gemacht. Richard Corriere und Joseph Hart berichten vom sexuellen Traum eines verschüchterten jungen Mannes, der von seinen Gruppenpsychologen als »Schaukelstuhlinhaber« bezeichnet wird:

»Ich träumte, Judy säße auf einem Sockel. Ich konnte sie über mir sehen und fühlte mich ganz klein. Dann kam mir der Gedanke, mich selbst zu berühren, mich zu fühlen – und ich tat es. Je mehr ich mich berührte, um so größer wurde ich. Als ich wuchs, wurde auch mein Schwanz immer größer. Bald war ich riesengroß und auf der gleichen Höhe mit Judy. Ich freute mich darüber. Ich wollte mit ihr schlafen und nahm sie in die Arme. Zuerst fühlte sie sich klein an, aber je mehr wir uns berührten, desto größer wurde sie. Dann lagen wir auf weichem Gras und schliefen miteinander. Es war wunderschön. Wir lachten und redeten sehr innig und vertraut miteinander. Ich wußte, ich liebte sie sehr.«
(aus Corriere/ Hart: *Lebendiges Träumen*)

Zur Erheiterung der Gruppe – so berichten die Autoren – fragte der Träumer dann naiv: »Was soll ich nun tun?« Schließlich ging ihm aber mit Hilfe der Gruppe ein Licht auf. »Ich will sie«, schrie er und hatte sich erkannt.

Diese Selbsterkenntnis ist das Wichtigste am Traum. Die Gruppe kann eine wertvolle Hilfestellung bei der Traumerkundung geben, aber letztendlich muß der Träumer selbst vom Blitzstrahl der Erkenntnis getroffen werden, wenn er den Sinn seiner Träume entschlüsseln will.

Oft vergessen wir, daß wir sowohl weibliche als auch männliche Geschlechtsanteile in uns tragen. C. G. Jung bezeichnete diese als Animus (männlich) und Anima (weiblich). Nicht selten rührt sich in unseren Träumen der eigen- oder gegengeschlechtliche Aspekt – je nach dem Grad seiner Verkümmerung oder Ablehnung.

Sie kommen Ihrer möglicherweise absichtlich diffus gehaltenen Sexualität leichter auf die Spur, wenn sie die nachfolgenden Fragen ehrlich beantworten und gleichzeitig über die Verbindung zu Ihren einschlägigen Träumen nachdenken.

1. Beschreiben Sie den Frauen- oder Männertyp, von dem Sie sich besonders angezogen fühlen. Vergleichen Sie ihn mit jenen Frauen oder Männern, die in Ihren sexuell gefärbten Träumen als Objekte Ihrer Begierde auftauchen.

2. Welche Geschlechtsmerkmale am anderen Geschlecht ziehen Sie besonders an und wie erscheinen diese in Ihren Träumen?

3. In welcher Umgebung findet Ihr geträumter Geschlechtsverkehr gewöhnlich statt? Im Schlafzimmer, in der Öffentlichkeit oder wo?

4. Welche Berührungen, Entkleidungsrituale oder Situationen erregen Sie am meisten?

5. Welche Position(en) bevorzugen Sie im Geschlechtsverkehr, und wie stellt sich das in Ihren Träumen dar?

6. Kennen Sie inzestuöse Träume mit Familienangehörigen? Mit welchen? Beschreiben Sie Ihre Traumgefühle und Ihr Wachempfinden dazu.

7. Erkennen Sie abartige Neigungen oder Bedürfnisse in Ihren sexuellen Traumabenteuern? Wie leben Sie diese in Ihren Träumen aus? Mit Skrupel oder mit Vergnügen?

8. Haben Sie im Traum Potenzschwierigkeiten oder eine übersteigerte Potenz? Wie werden diese ausgelöst und zu welchen Gefühlen führen sie bei Ihnen und Ihrem Partner?

9. Erleben Sie Traum-Orgasmen? Vergleichen Sie diese in Dauer und Intensität mit den wirklich erlebten. Was stellen Sie fest?

10. Erleben Sie im Traum erotische Abenteuer oder Gruppensexszenen? Beschreiben oder malen Sie diese Szenen und lassen Sie die beteiligten Personen einschließlich sich selbst in Sprechblasen etwas über ihre Gefühle aussagen.

11. Halten Sie sich sexuell für schwach, normal oder stark veranlagt? Wie stufen Sie Ihren Partner ein? Wer ist der sexuell aktivere Teil?

12. Haben Sie gleichgeschlechtliche Neigungen oder Bedürfnisse? Wann treten diese auf und wodurch werden sie ausgelöst? In welcher Form erscheinen sie in Ihren Träumen (im Vergleich zur Wirklichkeit)? Wie sieht der Typus aus, der gleichgeschlechtliche Neigungen in Ihnen wecken könnte?

Ihre Träume sprechen zuweilen eine ganz offene und unverschlüsselte Sprache. Er findet Lyrisches, Dramatisches, Märchen und Allegorien, persönliche Symbole oder auch Archetypen und abstrakte Bildmanifestationen für Ihre Triebwünsche. Akzeptieren Sie die höchst persönliche Traumübersetzung Ihrer Libido.

Sechster Tag
Meine Talente und Begabungen

Unsere Träume sind objektiv und sorgen für ausgleichende Gerechtigkeit. Sie rücken alles an den rechten Platz. Sie versehen unsere optimistischen Fehleinschätzungen mit einem negativen Vorzeichen und werten unsere Untertreibungen mit einem positiven auf.

Die Anlagen eines Menschen setzen sich zusammen aus der Summe all seiner ererbten Werte und Fähigkeiten und jenem Fundus aus angelerntem Wissen und einstudierten Verhaltensweisen, den er sich im Laufe seines Lebens erworben hat.

Unsere Talente und Begabungen bilden das Konzept unserer Möglichkeiten zur Entwicklung aus freier Entscheidung. Wir sprechen heute von Chancengleichheit, die sich über soziale Beschränkungen hinwegsetzt. Jeder hat die Chance, den Beruf auszuüben, der seinen Neigungen entspricht, wenn er die wissensmäßigen Voraussetzungen und die praktischen Fähigkeiten dafür mitbringt.

Jeder Mensch kommt mit einem vorstrukturierten Lebensplan auf die Welt. Kein Leben ist sinnlos. Jeder einzelne Mensch erfüllt eine ganz bestimmte Aufgabe, leistet seinen eigenen Beitrag zur Erfüllung der Schöpfungsidee. Talente sind demnach auch die Fähigkeiten, die wir bereits in früheren Existenzen erprobt haben und die nun in uns schlummern, um in einem neuen Leben wirksam werden zu können. Unsere Traumkraft als wichtige Kommunikationsinstanz unseres Unterbewußtseins weiß um dieses schlummernde Potential und ist gleichsam der Verwalter dieses Wissens. Sein eigenes Lebensziel zu erkennen und zu erfüllen, ist das höchste, was ein Mensch erreichen kann. Das kann man aber letztlich nur aus eigener Kraft schaffen, denn jeder Rat von außen, jede Lenkung durch andere birgt die Gefahr der Abhängigkeit und Unfreiheit in sich, die Möglichkeit der Manipulation. Einzig Ihre Traumkraft ist ein wirklich objektiver und hilfreicher Lebensratgeber. Wenn Sie zulassen, daß es sozusagen durch Sie hindurchträumt, werden Sie die Stimme ihrer Traumkraft vernehmen.

Wenn Sie Ihren Träumen Richtungsweisungen und Aufforderungen einer höheren Instanz entnehmen wollen, müssen Sie darum bitten und voll Demut warten, bis Sie Antwort bekommen. Die Grundhaltung Ihres Wesens wird mit entscheiden, ob Ihre Traumkraft Ihnen ein Dossier Ihrer Begabungen vermittelt oder nicht. Seien Sie sich darüber im klaren, wie Sie die folgenden Traumbitten und Affirmationen benutzen und auswerten wollen. Prüfen Sie die Lauterkeit Ihrer Absichten. Wer die Absicht hat, seine Talente nur zum eigenen Vorteil einzusetzen und um andere zu manipulieren, läuft Gefahr, von seiner Traumkraft in die Irre geleitet zu werden. Das gilt übrigens für jede Form von übersinnlicher Erfahrung.

Stellen Sie sich vor dem Schlafengehen folgende Fragen und bitten Sie Ihre Traumkraft um Vermittlung:

1. Welche meiner Fähigkeiten kann ich zum Wohle meiner Familie oder meiner Mitmenschen einsetzen? Welche tägliche Form oder Beschäftigung bietet sich dafür an? Ich danke meiner Traumkraft, daß sie mir eine wichtige Botschaft zukommen lassen wird, die Ausdruck meines göttlichen Lebensplanes ist.

2. Welche Begabungen oder Talente soll ich in dieser Inkarnation einsetzen und zur Auswirkung kommen lassen? In welchem Beruf kann ich diese mir von Gott verliehenen Gaben am besten zum Wohl der Menschheit einsetzen? Ich danke meiner Traumkraft für die allumfassende Liebe und Güte dieser Botschaft, derer ich mich würdig erweisen werde.

3. Habe ich den richtigen Beruf gewählt oder könnte ich meine Kenntnisse und Fähigkeiten anderweitig besser zu meinem eigenen Wachstum und zum Nutzen und Frommen der Allgemeinheit einsetzen? Ich danke meiner Traumkraft, daß sie mir einen hilfreichen Wink gibt, der mich Gottes wirklichen Plan für mein Leben erkennen läßt.

Manchmal genügt ein einziges Traumbild, um ein ganzes Leben zu ändern. Plötzlich wird Ihnen der Boden unter den Füßen weggezogen, und sie schweben auf eine andere Ebene,von der aus Sie einen neuen Weg gehen müssen. Dies ist das Leit-

phänomen des Traumes. Er harmonisiert Ihre beiden Gehirnhälften, die je nach Anforderungsprofil
über den Corpus callosum, den Mittelsteg zwischen ihnen, miteinander in Verbindung treten
und spontane Intuition mit logischem Denken
mischen. Was dann in das Langzeitgedächtnis ein-
fließt, konditioniert Ihr Verhalten und Ihre ganze
Lebensweise.

Siebenter Tag
Meine verpaßten Gelegenheiten

> Vergangenheit und Zukunft sind Traum.
> Was wir am Tag tun, ist Gegenwart. Mit un-
> serer Zukunft vervollständigen wir unsere
> lückenhafte Vergangenheit über das gegen-
> wärtige Tun zu einer heilmachenden Einheit.
> Alle Weichen unseres Lebens werden über
> den Traum gestellt.

Ähnlich wie man Schlaf und Traum nicht willentlich herbeiführen kann, kann man auch seine
Zukunft nicht exakt vorhersagen und planen. Es ist
allerdings möglich, daß unsere Träume uns einen
Zipfel dieser noch unwirklichen zukünftigen
Wirklichkeit enthüllen. Diese Träume aber müssen wir zulassen. Sie lassen sich nicht willentlich
herbeiführen. Werden sie uns geschenkt, dann
sind Aktivträume, Träume, in denen aktives Tun
antizipiert wird, in denen sozusagen die zukünf-
tige Wirklichkeit vorsimuliert wird, echte Lebens-
gestalter. Träumende Menschen stehen in einer
viel festeren Beziehung zur Lebenswirklichkeit als
sogenannte Realisten, denn sie leben sowohl ihre
Tagseite als auch ihre Nachtseite, beherrschen
logisches Denken und Intuition gleichermaßen.
Verpaßte Gelegenheiten gibt es im Leben eines

jeden Menschen. Es sind die Chancen, die wir nicht wahrgenommen haben, die Wege, die uns in die falsche Richtung geführt haben, die Aktivitäten, die uns unseren eigentlichen Schöpfungsauftrag haben vergessen lassen. Es ist fast immer unsere eigene Rastlosigkeit, die uns unsere Gelegenheiten verpassen läßt und uns zur Marionette unserer eigenen Trugschlüsse macht. Wie wir uns in der Gegenwart nicht mehr zu orten wissen, können wir auch nicht mehr unterscheiden, wer oder was an uns herumzerrt. Allein im Hier und Jetzt liegt der Schlüssel für Lebensqualität und geistige Entfaltung.

Nehmen Sie sich Zeit für folgende Übung.

Schauen Sie in Ihre Vergangenheit

Der Schlüssel für Ihr gegenwärtiges Denken und Handeln liegt in Ihrer Kindheit.

- Welche Erziehungsmuster bestimmen Sie?
- Welches waren Ihre ersten selbständigen Schritte ins Leben?
- Wann wurden Ihre ersten Hoffnungen und Erwartungen enttäuscht?
- Wann wurden Sie das erste Mal zutiefst enttäuscht?
- Welcher Schmerz, der Ihnen in Ihrer Jugend zugefügt wurde, tut heute noch weh?
- Welche frühe Unsicherheit taucht in bestimmten Lebenssituationen immer wieder auf?
- Vor welchen Menschen haben Sie Angst, und welcher Menschentyp hat diese Gefühlsbarriere in Ihrer Jugend aufgerichtet?

- In welchen Situationen können Sie sich nicht entscheiden, und welche Situationen aus Ihrer Jugend ähneln diesen Situationen?
- Wie verlief Ihre erste Begegnung mit dem anderen Geschlecht? Welche Gefühlsmuster wurden hier geflochten und wie wirken sie in Ihrem heutigen Leben fort?
- Welche angstbesetzten Erinnerungen haben Sie an Ihre Eltern? Ist es möglich, mit ihnen darüber zu sprechen?
Wie haben Sie damals reagiert, und warum geraten Sie heute noch immer wieder in die gleichen Reaktionsfallen?
- Ist Ihre Jugend irgendwie zu kurz gekommen? Was würden Sie nachholen wollen, wenn sie jetzt noch einmal jung wären?

Schließen Sie die Augen und sehen Sie sich selbst als achtjähriges Kind. Lassen Sie dieses Kind einfach zu sich sprechen und hören Sie andächtig zu. Was hat Ihr Kindheits-Ich so befangen gemacht? Was hält Sie heute noch gefangen?

Orten Sie sich in der Gegenwart

- Können Sie in diesem Augenblick vor sich selbst bestehen?
- Fühlen Sie einen Wert in sich, der Sie auch für andere etwas wert macht? .
- Beschreiben Sie ein vorherrschendes Gefühl aus Ihrem letzten Traum, das sozusagen die Grundstimmung Ihres gegenwärtigen Lebens zusammenfassend vermittelt.
- Welche Entscheidungen, die Sie getroffen

haben, würden Sie gern rückgängig machen und welche würden Sie heute anders treffen? Wenn Ihnen hier ganz spontan eine Situation einfällt, dann arbeiten Sie mit der Affirmation »Ich entscheide das heute einfach ganz anders.«

- Was sind die wichtigsten Eigenschaften Ihres Erwachsenseins? Schreiben Sie diese Eigenschaften auf ein Blatt Papier und unterstreichen sie die drei Eigenschaften, die Sie für die wichtigsten halten. Sind Ihnen diese Eigenschaften wirklich »zu eigen«, oder haben Sie sich diese Verhaltensmuster nur zugelegt, weil Sie so besser durchs Leben kommen? Behindern diese Ihre Beziehungen zu anderen Menschen?
- Wenn Sie die Chance hätten, die Zeit zurückzudrehen, um manches noch einmal ganz anders zu leben, bis zu welchem Jahr würden Sie zurückgehen? Welches Ereignis, das Sie aus der Bahn gebracht hat, würden Sie gern nochmal durchleben?
- Vor welcher Kulisse spielen die meisten Ihrer Träume gegenwärtig? Ist Ihr Traum-Ich in diesen Träumen aktiv oder passiv?
- Sind sie in der Gemeinschaft aufgehoben und akzeptiert, oder fühlen Sie sich einsam und kämpfen um die Gunst anderer Menschen?
- Tauchen sehnsüchtige, unerfüllte Wunschbilder oder Visionen auf, von denen Sie das Gefühl haben, daß sie Zukunftsbausteine sind, die für Ihr weiteres Leben von großer Bedeutung sind?
- Was hält Sie gegenwärtig am meisten auf und verlangsamt Ihre geistige und kreative Entwicklung?

Träumen Sie Ihr künftiges Leben voraus

- Was wollen Sie in zehn Jahren sein und darstellen – beruflich und privat?
- In welche Länder möchten Sie noch reisen? Wen würden Sie mitnehmen wollen? Würden Sie auch allein reisen?
- Wenn Sie genau wüßten, daß Sie in sechs Monaten sterben müßten, wie würden Sie bis dahin leben? Was würden Sie noch tun und den Menschen in Ihrer nächsten Umgebung sagen wollen?
- Welchen angefangenen Traum, der Ihnen wichtig erschien, könnten Sie jetzt oder in der kommenden Nacht weiterträumen, und wie sähe er vollendet aus? Stellen Sie es sich jetzt vor!
- Was könnten Sie tun, um noch erfolgreicher zu werden, um noch mehr Anerkennung von anderen Menschen zu bekommen, um noch mehr Zeit für Ihre Hobbys zu haben, um noch glücklicher mit Ihrer Familie zusammenleben zu können?
- Wo und unter welchen Bedingungen würden Sie in zehn Jahren gern Ihr Leben leben? Was könnte dieses Leben von jetzt an noch lebendiger, überraschender, erlebnisreicher oder ruhiger und leichter machen?
- Wie würden sich all diese Veränderungen in Ihrem speziellen Traum auswirken?
- Welche Personen außer Ihnen wären aktiv oder passiv an dieser Schlußfassung Ihres Traumes beteiligt?
- Wie stünden Sie nach diesem Traum in der Öffentlichkeit da?
- Welches Gefühl haben Sie? Schließen Sie einfach

die Augen und fühlen Sie in Ihrem Solarplexus nach, ob es warm zu strömen beginnt oder unangenehm kribbelt.

Dann setzen Sie sich hin und machen eine kleine Zeichnung oder Collage »Mein Leben in zehn Jahren«. Alles, was Ihnen lieb und wert ist, sollte in diesem Bild enthalten sein. Suchen Sie sich aus Zeitschriften, Büchern oder aus Ihrer Umgebung und aus der Natur alle Hilfsmittel zusammen, die veranschaulichen könnten, wie Ihr Lebenshaus in Zukunft aussehen sollte. Vergessen Sie die Kleinigkeiten nicht, die dem Leben oft erst die richtige Würze geben. Schauen Sie sich dieses Zukunftsgemälde mehrere Abende lang immer vor dem Schlafengehen aufmerksam an, um es wirklich zu verinnerlichen und als Rohstoff für Ihre künftigen lebensgestaltenden Träume einzusetzen. Sie bauen in dem Maße an Ihrer eigenen Wunschzukunft, in dem Sie die Bilder der späteren Wirklichkeit vor Ihrem inneren Auge parat haben.

Achter Tag
Mein Schlafverhalten

Die eigentliche Ursache von Schlafstörungen
sind Rhythmusstörungen unseres Nervensystems. Sie sind eine Folge der verlorenen-
gegangenen Balance zwischen den Gegenpo-
len Anspannung und Entspannung und einer
Lebensweise, die sich gegen die Naturprinzi-
pien und die auf uns einwirkenden kosmischen Kräfte richtet.

Es gibt sicherlich ebensoviele verschiedene Ursachen wie es unterschiedliche Formen von Schlafstörungen gibt. Die oft geäußerte Behauptung »die
ganze Nacht kein Auge zugetan zu haben«, beruht
meist auf einer Täuschung. Auch der typische
Wachkünstler nickt nachts – wie EEG-Aufzeich-
nungen beweisen – immer wieder ein. Er schenkt
seinen verkrampft und überwach ertragenen und
durchlittenen Wachphasen jedoch so große Beachtung, daß sich subjektiv die Empfindung einer
durchwachten Nacht ergibt.

Schlafstörungen gehören zu den verbreitetsten
psychosomatischen Störungen und zivilisationsbedingten Schwächen der modernen Menschheit.
Amtlichen Schätzungen zufolge ist heute bereits
jeder dritte Bundesbürger schlafgestört. Ein neues

schleichendes und kräftezehrendes Volksleiden ist auf dem Vormarsch. Können wir dieses Leiden überhaupt schon als Krankheit bezeichnen, oder ist es nur ein Vorbote einer psychisch-physischen Störung? Welche Auswirkungen haben Schlafstörungen auf das Gesamtbefinden des Menschen, seine Gesundheit, und wie können wir ihnen aus eigener Kraft wirkungsvoll begegnen?

Wir unterscheiden zwischen zwei Bewußtseinszuständen. Tagsüber agieren wir im Wachbewußtsein, nachts ziehen wir uns in das Unterbewußtsein zurück, das wir auch als Schlafbewußtsein bezeichnen können. Unser Wachbewußtsein nimmt Informationen über das Nervensystem auf und ist in der Lage, Informationen weiterzugeben. Während das Wachbewußtsein arbeitet, schläft unser Unterbewußtsein oder befindet sich in einem somnambulen Zustand.

Wenn wir abends zu Bett gehen, kehren sich diese Bewußtseinsverhältnisse um: Das Wachbewußtsein tritt ab, und das Unterbewußtsein nimmt seine Tätigkeit auf. Im Schlaf ist ein großer Teil unseres Nervensystems hellwach. Alle während des Tages unterschwellig aufgenommenen und zurückgedrängten Informationen werden jetzt weiterverarbeitet, selektiert, umgespeichert und geklärt. Der belanglose Abfall wird einfach aussortiert und gelöscht. Unser Unterbewußtsein arbeitet wie eine Kläranlage. Die schmutzigen Abwässer unseres Seelenlebens werden nachts gereinigt und erneuert. Dieser Erneuerungseffekt sorgt auch dafür, daß unser Tagesbewußtsein nach dieser Erholungspause wieder topfit ist, um bei der Zeigerstellung Null erneut Informationen zu speichern.

Bis wir in die absolute Tiefschlafphase gelangen, den sogenannten Theta-Bereich, in dem wir uns am besten erholen können, durchlaufen wir verschiedene andere Schlafphasen. Der seit Millionen Jahren in uns eincodierte cirkadiane Rhythmus von Tag und Nacht, dem sich die Menschen früher in Ermangelung von elektrischem Licht ganz natürlich fügen mußten, wird heute widernatürlich außer Kraft gesetzt, indem wir die Nacht zum Tage machen. Die flachen Leichtschlafphasen gehören ebenfalls zu diesem natürlichen Rhythmus. Vier- oder fünfmal erwachte der Naturmensch von früher in der Nacht, um sich gegen eventuelle feindliche Übergriffe von Menschen oder Tieren oder gegen Naturgewalten abzusichern. Das, was wir heute als unruhigen Schlaf bezeichnen, ist ein einfacher Überlebensmechanismus – das natürlichste von der Welt.

Es kommt nicht darauf an, wieviel wir schlafen, sondern wie wir schlafen, welche Schlaftiefe wir erreichen und ob wir einen natürlichen Schlafrhythmus haben. Auf die Frage nach der adäquaten Dauer des Nachtschlafes für verschiedene Altersstufen wird ein verständiger Arzt sehr vorsichtig antworten und für einen erwachsenen Menschen mittleren Alters etwa sechs bis sieben Stunden als Regel setzen.

Im Alter kann sich das benötigte Schlafquantum sogar auf vier Stunden pro Nacht reduzieren, ohne daß der psychische Erneuerungsprozeß dadurch beeinträchtigt würde. Der psychisch-physische Gesamtzustand des Menschen spielt für das individuelle Schlafbedürfnis eine entscheidende Rolle. Es gibt keine allgemeingültige Schlafnorm. Geistig tätige Menschen brauchen durchschnittlich eine

Stunde mehr Schlaf als Menschen, die körperlich arbeiten. Der menschliche Organismus verhält sich eben wie eine Batterie, die sich immer erst wieder aufladen muß, bevor sie Energie abgeben kann. Sogenannte Schnellentlader brauchen demnach auch mehr Schlaf. Ängstliche, sensible Menschen gehen oft sehr spät ins Bett und stehen spät auf. Sie fürchten sich ganz einfach vor der Nacht und spielen ein Verzögerungsspiel, das auf ein wenig stark ausgeprägtes Selbstbewußtsein schließen läßt. Dafür verfügen solche Menschen über sehr viel Phantasie und Einfühlungsvermögen. Im Reigen der verschiedenen Schlaftypen gibt es auch den Kurzschläfer, für den Schlafen einfach Zeitverschwendung ist, und den Langschläfer, der seiner Wirklichkeit träumend zu entfliehen versucht. Für ihn ist das Bett die »lange Bank«, auf die er gern alles schiebt. Nicht wenige wissenschaftlich arbeitende Menschen legen sich bei der geringsten Stimmungsschwankung oder bei Ärger und Unmut sofort ins Bett und können auch wunderbar am Tag schlafen.

Wir müssen uns immer wieder ins Gedächtnis zurückrufen, daß Schlaf nicht mit der Lähmung bestimmter Nervenzentren identisch ist, sondern lediglich einen Zustand aktiver Ruhe provoziert, in dem der Parasympathikus hochaktiv ist. Dieser Nerv sorgt für die lebensnotwendigen Stoffwechselvorgänge, die Ableitungen und Entgiftungen, die zur nächtlichen Ruhepause gehören. Wir wissen heute sehr genau, daß die Phasen seelisch-geistiger Aktivität für unsere innere Zufriedenheit und Balance noch wichtiger sind als körperliche Erholung. Schlaf ist kein Luxus, sondern ein lebenserhaltender Prozeß. Versuchspersonen wurden nach 36 Stunden Schlafentzug apathisch oder aggressiv; nach 38 Stunden zeigten sich erste psychische Schäden, Halluzinationen und Wahrnehmungsausfälle. Weckt man einen Menschen jeweils kurz nach dem Einschlafen wieder auf und entzieht ihm so auch die lebensnotwendigen REM- Phasen, in denen er träumt, dann wird er schon nach wenigen Tagen debil und unzurechnungsfähig.

Langschläfer sind in jedem Fall viel stärker gefährdet als Kurzschläfer, weil verlängerter leichterer Schlaf auf die Stimmung drückt. Viele Kliniken behandeln daher Depressionen mit drastischen Schlafverkürzungen. Das Dösen am Morgen, scheinbar als genüßliche Phase zwischen Schlafen und Aufwachen empfunden, führt zu einer Vernebelung der Sinne und einer auch nach dem Aufwachen noch anhaltenden Somnambulität, die häufig Fehlverhalten zur Folge hat.

Wir unterscheiden zwei Arten von Schlafstörungen: Einschlaf- und Durchschlafstörungen. Einschlafstörungen treten auf, wenn die Umpolung vom Wach- zum Unterbewußtsein schwerfällt. Viele Menschen können sich nur schwer von ihren Alltagsproblemen lösen. Um entspannt einschlafen zu können, müssen wir bewußt einen dicken Strich unter das Tagesgeschehen machen. Sorgen, Ängste, Spannungen und latente Unzufriedenheiten können Schlafstörungen dramatisieren und gar chronisch werden lassen. Da Schlafstörungen nicht im Handumdrehen entstehen, können sie auch nicht von heute auf morgen wieder beseitigt werden. Sie gehören zu den Verhaltensstörungen, die eine aktive Beteiligung des Patienten voraussetzen. Die Schlaftablette am Abend und das

Aufputschmittel am nächsten Morgen halten einen geradezu teuflischen Kreislauf in Gang, den die wenigsten Menschen aus eigener Kraft durchbrechen können. Auch Reizmittel wie Alkohol und Nikotin gehören zu den Traumfeinden, die gar zu Schlafvernichtern werden können. Vergiftete oder gar bereits organgeschädigte Körper sind einfach nicht in der Lage, sich dem Schlaf »auszuliefern«. Die als Schlafmittel gebräuchlichen Barbiturate schädigen unser Nervensystem nachhaltig und reduzieren unsere Körperkräfte. Die gestörte Psyche dramatisiert die Schlafstörungen, wodurch der Mensch zunehmend nervöser oder gar depressiv wird. Jetzt beginnt der unselige Kreislauf der Somatisierung: Der Magen wird taub und zeigt Symptome wie Appetitlosigkeit; der Darm wird faul und kann nicht mehr pünktlich entleert werden; das Herz schlägt asynchron, was zu Beklemmungserscheinungen und nächtlichen Angstzuständen führt. Der durcheinandergebrachte Stoffwechsel reagiert über Hautunreinheiten sowie rheumatische oder gichtige Symptome. Schlafgestörte Menschen sind ständig erkältet, äußerst labil und zeigen auffällige Anzeichen einer stark geschwächten Abwehrkraft.

Schlafstörungen können heute über die Gehirnstrommessung (EEG) wissenschaftlich exakt geortet werden. Viel ist damit allerdings nicht erreicht. Geklärt werden muß nämlich, welche Bedrängnis des Unbewußten die Schlafstörungen verursacht, welche verdrängten Probleme und Konflikte dafür verantwortlich sind. Um herauszufinden, warum ein Mensch unter Schlafstörungen leidet, müssen wir seine Lebensumstände und seine Psyche untersuchen. Neunzig Prozent aller Schlafgestörten

verursachen ihr Leiden durch eine falsche Lebensweise oder eine bestimmte psychische Grundhaltung selbst. Selbsterkenntnis ist auch hier der erste
Weg zur Besserung.

In neun von zehn Fällen kann eine Therapie, die
experimentell mit Veränderungen des Schlafrhythmus arbeitet und auch verschiedene gelenkte
und autosuggestive Entspannungstechniken ein-
setzt, zum Erfolg führen. Eine Umstellung der
Nahrung, sportliche Betätigung und eine Änderung der Lebensgewohnheiten können zur Heilung führen. Das jüngste und ungewöhnlichste
Rezept zur Behandlung von Schlafstörungen ist
eine besondere Zungengymnastik, durch die der
empfindlichste unserer Gesichtsmuskeln entspannt wird.

Traumreisen in die weite Welt

Zweite Woche
Träume als
Richtungsweiser für mein Leben

Neunter Tag
Träume sind die Tatsachen von morgen

> Ein Mensch, der nicht träumt, ist nicht mehr
> lebensfähig. Er fällt in geistige Umnachtung
> und wird debil. Der Traum ist die Brücke
> zwischen unseren verschiedenen Bewußt-
> seinsformen, gleichsam ein Balanceakt unse-
> rer Psyche für ihre eigene Gesundheit.

Im Traum kommunizieren wir mit unserem
Höheren Selbst, mit Gott. Wir erhalten Hinweise
und Botschaften, die richtungweisend für unser
Leben sind, wenn wir uns ihnen öffnen. Träume
sind die Realität von morgen. Sie sind vorwegge-
nommene Tatsachen, die in ihrer Vernetzung wiederum eine universale Realität ergeben, die unsere
Innenwelt widerspiegelt. Wer nach innen schaut,
kann das Außen entdecken, und über die Betrachtung des Außen können wir unsere innere Welt
erkennen.

Träume haben einen tieferen Sinn. Das wußten
alle Völker, und in allen Religionen der Welt spielt
der Traum als Medium zur Übermittlung göttlicher Botschaften eine wichtige Rolle. Auf die

Bedeutung des Traumes in der Bibel wurde bereits hingewiesen (siehe Seiten 25/26). Auch dort sind die Träumer Übermittler göttlicher Botschaften und als solche nicht selten gefürchtet oder gar gehaßt.

In der Genesis (Kapitel 37) wird von Josef berichtet:

»Josef war siebzehn Jahre alt und hütete die Schafe seines Vaters zusammen mit seinen Brüdern, den Söhnen Bilhas und Silpas, den Nebenfrauen seines Vaters. Alle üblen Gerüchte über sie brachte er vor seinen Vater. Jakob aber liebte den Josef mehr als seine anderen Söhne; denn er war ihm ein Sohn des Greisenalters. Er ließ ihm ein Ärmelkleid anfertigen. Die Brüder aber sahen, daß ihr Vater ihn lieber hatte als alle seine Brüder. Sie haßten ihn und konnten mit ihm kein gutes Wort mehr reden.

Josef hatte einmal einen Traum; er erzählte ihn seinen Brüdern, und diese haßten ihn daraufhin noch mehr. Er sprach zu ihnen: ›Höret, was ich geträumt habe: Wir banden Garben mitten auf dem Felde; da richtete sich meine Garbe auf, und sie stand; eure Garben aber stellten sich ringsum und verneigten sich tief vor meiner Garbe.‹ Seine Brüder erwiderten ihm: ›Willst du wohl König über uns werden? Willst du über uns Herrschermacht ausüben?‹ Sie haßten ihn noch mehr wegen seines Traumes und seiner Reden. Er hatte noch einen anderen Traum, den er seinen Brüdern erzählte: ›Hört, ich hatte noch einen anderen Traum: Die Sonne, der Mond und elf Sterne haben sich tief vor mir verneigt.‹ Da er dies seinem Vater und seinen Brüdern erzählte, schalt ihn sein Vater und sagte zu ihm:

›Was hat das zu bedeuten, was du träumtest? Sollen etwa ich, deine Mutter und deine Brüder herankommen und uns vor dir auf den Boden werfen?‹ Seine Brüder wurden auf ihn eifersüchtig; es merkte sich aber sein Vater die Sache. Da zogen seine Brüder fort, um das Vieh ihres Vaters bei Sichem zu weiden. Da sagte Jakob zu Joseph: ›Weiden deine Brüder nicht zu Sichem das Vieh? Mache dich auf, ich will dich zu ihnen schicken!‹ Er erwiderte ihm: ›Ich bin bereit!‹ Er sprach zu ihm: ›Gehe doch, schau einmal, wie es mit deinen Brüdern und mit den Schafen steht, und bringe mir darüber Nachricht!‹ Er sandte ihn aus dem Tal von Hebron weg, und jener kam nach Sichem.

Als er auf dem Gefilde umherirrte, traf ihn ein Mann. Der Mann fragte ihn: ›Was suchst du?‹ Er antwortete: ›Ich suche meine Brüder; sage mir doch, wo sie jetzt gerade ihr Vieh hüten!‹ Der Mann sprach: ›Sie sind von hier weggezogen; denn ich hörte sie reden: Wir wollen nach Dotan ziehen!‹ Joseph folgte seinen Brüdern und fand sie in Dotan. Sie sahen ihn von ferne, doch bevor er sich ihnen näherte, berieten sie einen hinterlistigen Anschlag, ihn umzubringen. Sie sprachen zueinander: ›Seht, da kommt dieser Träumer! Jetzt aber los! Wir wollen ihn umbringen, in eine der Zisternen werfen und dann sagen: Ein wildes Tier hat ihn gefressen. Dann wollen wir sehen, was aus seinen Träumereien wird!‹ «

Josef hatte im Traum »Gesichter«, wie wir heute sagen würden. Er übersieht das Schicksal seiner Brüder und seiner ganzen Familie. Er ist in der

Wahrheit, verkündet sie und zieht damit den Haß seiner Brüder auf sich. Bis in unsere Zeit ist der Weitsichtige, der Intuitive, der, der Zugang zu höheren Wahrnehmungsebenen hat, der Kritik der Masse ausgesetzt. Die Masse konserviert ihre Gleichgültigkeit und pflegt die Norm als ihr Schutzschild.

In Kapitel 33 des Buches Hiob sagt Elihu:

»Du aber, Hiob, vernimm meine Rede, und all meinen Worten höre nun zu! Mein aufrichtiges Herz liegt in meinen Worten, und in lauterer Weise sprechen meine Lippen Erkenntnisse aus. Gottes Geist hat mich erschaffen, und der Odem des Allmächtigen gab mir das Leben. Bist du imstande, so entgegne mir, äußere dich vor mir und stelle dich! Schau, für Gott bin ich so viel wie du; auch ich bin nur aus Lehm geformt. Wohlan, die Furcht meiner Seele soll dich nicht belasten! Jedoch du sprachst vor meinen Ohren, und ich vernahm der Worte Klang: ›Ich bin rein und frei von Sünde, bin makellos und ohne Schuld. Nur Gegensätze wider mich sucht er zu finden und sieht mich an als seinen Feind. Meine Füße legt er in den Block, alle meine Pfade überwacht er.‹ Siehe, darin bist du nicht im Recht, entgegne ich dir; denn Gott ist größer als der Mensch! Weshalb hast du mit ihm gehadert, daß er allen seinen Worten nicht erwidere? Denn zum einen Male redet Gott, zum andern Male geht er nicht darauf ein. *Im Traum, im Nachtgesicht, wenn tiefer Schlaf die Menschen befällt, im Schlummer auf dem Lager, da öffnet er der Menschen Ohr und setzt sie in Schrekken und Verwarnung, um den Menschen zu bekeh-*

ren von seinem Tun und Hochmut vom Manne
fernzuhalten, seine Seele vor der Grube zu retten,
sein Leben vor dem Hingang durch das Todesge-
schoß.
Wenn dann ein Engel ihm zur Seite steht, ein
Mittler, einer aus den Tausenden, um zur Ver-
teidigung des Menschen dessen Tugend zu ver-
melden, wenn dieser sich erbarmt und spricht:
›Erlaß es ihm, hinabzusteigen in die Grube, ich
hab' ein Lösegeld für ihn gefunden‹, so blüht
sein Fleisch wieder auf, mehr als zur Jugendzeit;
er kehrt zu den Tagen seines Jünglingsalters zurück. Er betet zu Gott, und der ist ihm hold, läßt
ihn unter Jubel sein Angesicht schauen und gibt
dem Menschen seine Gerechtigkeit wieder. Dieser blickt auf die Leute und spricht: ›Ich hatte
gesündigt und Unrecht getan, doch Er hat mir
nicht mit Gleichem vergolten. Er löste meine
Seele vom Hingang in die Grube, und mein
Leben darf das Licht erschauen.‹ Fürwahr, all
das pflegt Gott zu tun, zweimal, dreimal mit
dem Menschen, um seine Seele vor der Grube
abzuwenden, damit vom Licht des Lebens er
beschienen werde.« (Hiob 33; 1 - 18, 23 - 30)

Hiob wird getröstet. Der Schleier des Unerklär-
lichen wird gelüftet. Hinter der scheinbaren Sinn-
losigkeit wird plötzlich der tiefere Sinn deutlich.
Gott sendet seine Signale und Botschaften, wenn
wir uns von der Wirklichkeit des Tages abwenden,
im Nachtgesicht. Im Traum werden wir ermahnt,
in die richtige Richtung gewiesen, getröstet und
ermutigt. Wir müssen uns nur bereitmachen für
die göttlichen Botschaften.
Unsere rationale Betrachtungsebene gibt uns

keine Chance, jene unendlichen Bilderfriese Gottes zu verstehen oder zu enträtseln. Wir müssen
uns von der Welt der Gedanken verabschieden.
Der Sprache des Traumes können wir uns nur
komtemplativ von innen her nähern. Gebet und
Meditation sind die besten und eigentlich die einzigen Methoden, um Zugang zu dieser Welt der
Töne, Farben, Schwingungen und Bilder zu
bekommen.

Zehnter Tag
Träume bewirken meine Ganzwerdung

> Heiligsein bedeutet auch heil sein. »Heil«
> heißt in der Ganzheit aller Anlagen rund,
> nämlich vollkommen und in diesem
> geschlossenen Kreis zu sein. In diesem Kreis
> aber wohnen unsere Träume.

In seinem Buch *People of the Lie* sagt Scott Peck,
daß die Lieblingsverkleidung der Lüge Anständig-
keit und Ehrbarkeit sei. Das ist sicher ebenso wahr
wie die Tatsache, daß wir mit den meisten unserer
Phantasien und Wunschvorstellungen in der Lüge
leben. Wir brauchen die Täuschungen und die aus
der Selbsttäuschung entstehenden Ent-Täuschun-
gen, um Aufrichtigkeit und Wahrheit zu erkennen.
Träume haben einen schonungslosen Drang zur
Wahrheit und Echtheit. Sie enthüllen die Lüge und
konfrontieren uns damit. Der Alptraum ist ein
besonders geeignetes Medium für solche Enthül-
lungen. Alpträume wollen nicht erschrecken, quä-
len oder bestrafen. Sie sind nichts anderes als mas-
sive Interventionen, die unsere geistig-spirituelle
Entwicklung, unsere Ganzwerdung fördern,
indem sie uns mit unseren eigenen Masken, mit
den Dämonen und schreckerregenden Monstern
in uns selbst konfrontieren. Indem wir uns

anschauen, wovor wir uns fürchten, und furchtlos damit umgehen, gewinnen wir an Kraft und Entschlossenheit.

Über die Geister- und Dämonenwelt kommen wir in Kontakt mit den Abgründen unseres eigenen Ichs. In unseren Träumen wissen wir immer, wer wir eigentlich sind und daß wir sowohl einen lebensfrohen, schöpferischen Kern in uns tragen als auch eine Ansammlung ganz echter Dämonen. Beides gehört zu uns, und eines braucht das andere, damit wir ganz und in Balance sind.

»Fürchtet euch nicht« ist eine Aufforderung, die in der Bibel genau 365 Mal zu finden ist, für jeden Tag einmal. Alpträume wollen uns bedeuten, daß wir uns nicht zu fürchten brauchen, daß wir mit allen Bestien und Nachtmahren fertigwerden können, wenn wir ihnen nicht immerzu aus dem Weg gehen, sondern uns mit ihnen konfrontieren, ihnen siegesgewiß entgegengehen.

Die emotionale Welt ist unsere einzig wirkliche. Alles andere ist lediglich der Widerschein einer schlampigen, unaufgeräumten Subjektivität. Unsere Träume schlagen die Brücke zwischen unserer physischen Außenwelt und unserer psychischen Innenwelt. Sie führen von der Polarität zur Einheit, sind das Sprachrohr unserer Phantasie und Imagination. Über den Traum lernen wir, tiefer zu loten, eindringlicher und disziplinierter zu fühlen, damit unsere Innenwelt in das ganzheitliche Einverständnis mündet.

Der Alptraum lehrt uns noch eine ganz wichtige Lektion: Entweder stellen wir uns dem Kampf mit dem Bösen oder wir nehmen den Dialog auf und schließen am Ende einen Kompromiß. Auf jeden Fall wird es nach der furchtlosen Auseinanderset-

zung möglich sein, Liebe und Zutrauen zu entwik-
keln. Fehlt diese Liebe, dann beginnt unser Körper
danach zu schreien und wird krank. Träume sind
auch die Stimme dieser fehlenden oder mangelhaf-
ten Liebe. Gelingt es uns, diese Liebe in uns zu entwickeln, dann werden wir auch nicht mehr von
Alpträumen gequält.

Elfter Tag
Träume enthüllen mein wahres Selbst

> Träume helfen nur einem Ziel: der Selbstver-
> vollkommnung. Damit ich meinen Weg
> gehen kann, muß ich ihn unter Tausenden
> von möglichen Wegen finden. Das ist Selbst-
> findung. Meine Träume helfen mir dabei.

Unsere Träume meinen immer nur uns selbst.
Ihnen wohnt eine höhere Intelligenz inne, die es
gut mit uns meint und uns zeigt, daß es außer der
rationalen Welt noch eine Welt voll Gnade, Liebe
und Freundlichkeit gibt.

Träume begegnen uns so, wie wir ihnen begegnen, und werden damit auch zum Spiegel unserer
eigenen Ernsthaftigkeit oder Lächerlichkeit.
Träume bringen unsere unbewußten Schattensei-
ten ans Licht. Sie sorgen für unsere psychische
Balance, indem sie kompensieren und ausgleichen.

Träume stellen auch eine Verbindung zu unserer
Vergangenheit her. Alte Konflikte werden erhellt,
Probleme werden analysiert und so fein zerlegt,
daß sie letztlich wie Kartenhäuser zusammenfal-
len. In der Welt des Göttlichen gibt es nämlich
keine Probleme. Erst der Mensch in der Unrast seiner wirren Gedanken und widerstreitenden
Gefühle, die nicht zutage treten, schafft Probleme.

Träume geben aber auch Eindrücke in die Weltgeschichte. Sie blättern in der Akasha-Chronik, dem Tagebuch der kosmischen Entwicklung, und entblößen die Archetypen der menschlichen Seele. Oft verlieren sie sich aber auch in Nebensächlichkeiten, hinter denen sich das Wichtige und Einmalige listig verbirgt. Unser Verstand, der leider immer unschärfer wird (das ist der Preis, den wir für seine Überbeanspruchung zahlen), übersieht die wahren Zusammenhänge und mißachtet nicht selten das Detail. Wir sind Menschen der »großen Linie« geworden, nicht mehr in der Lage, auch ihre Störungen und Verzerrungen zu erkennen. Die Welt aber ist aus der Winzigkeit entstanden und wird zur Winzigkeit zurückkehren.

Träume beflügeln unsere Phantasie und Kreativität. Sie lehren uns, alle Schranken zu überwinden und in den freien Kosmos hinauszuschweben, hinauszufühlen, hinauszuträumen und hinauszuphantasieren, um alle Hürden zu überspringen, die es in der Welt der Vorstellung noch gibt.

Im Traum spricht auch unsere innere Autorität, die Stimme der Freiheit in uns, die uns aus äußeren Verstrickungen und Bindungen lösen und unsere Kräfte himmelwärts fliegen sehen möchte. Freiheit, dieses vielgepriesene Gut geistiger Größe, erreichen wir erst dann, wenn wir aus innerer Autorität heraus handeln und etwas bewirken. Wenn wir dies erkennen, haben wir die Welt erkannt.

Zwölfter Tag
Wie ich meine Träume erinnern lerne

Mein Traum meint immer nur mich. Er geht erst behutsam um mich herum, an mir vorbei, kehrt zurück und trifft mich dann mitten ins Herz, wenn ich ihn gar nicht mehr anschauen will. Mein Traum ist jetzt, von früher, für morgen, auf ewig, immer in mir und wartet nur darauf, daß ich ihn offenbar werden lasse. Wenn ich es geschehen lasse, fällt mir der Traum einfach in den Schoß.

Über Traumerinnerung ist viel geschrieben worden. Unzählige Techniken zur Traumerinnerung sind entwickelt worden, wobei das Wort »Technik« im Zusammenhang mit Traum bereits ein Paradoxum für sich ist. Der Traum läßt sich genau so wenig domestizieren und fügsam machen wie eine Katze. Auch sie behält immer ihre Individualität. Der Traum läßt sich nicht manipulieren. Rückt man ihm mit einer Technik zu Leibe, dann igelt er sich ein, verschwindet einfach. Alle Traumerinnerungstechniken sind daher lediglich Krücken. (Zumindest ist das meine Erkenntnis nach über zehn Jahren intensiver Traumforschung. Je weniger Techniken ich benutzt habe, desto bessere Ergebnisse stellten sich ein.)

Träume verlangen ganz einfach Hinwendung, aufmerksames Hinhören. Wir müssen lernen, unseren Träumen zu lauschen. Dazu brauchen wir absolute Stille und den Rückzug in unser Inneres. Genau hier liegt das Problem. Der moderne, rastlose Mensch hat keine Zeit mehr für die wichtigste Verabredung des Tages, die »stille Stunde mit sich selbst«, wie Nietzsche es bezeichnet. Früher flehte man um Träume als Übermittler göttlicher Ratschläge. Opfer wurden dargebracht. Der Mensch mußte erst etwas geben und sich selbst öffnen, bevor er der Gnade eines Traumes teilhaftig werden konnte.

Zu den Traumvorbereitungen gehörten früher nicht nur äußerliche Reinigungskuren für den Körper, sondern auch innere wie Fasten und ganz bestimmte Rituale. Auch wir können uns entsprechend konditionieren. Ein guter Weg in die Traumgefilde führt über die Reflexion der jeweiligen Tageserlebnisse. Wir wissen, daß der Traum sich das Leitmotiv für seine nächtliche Klärungsarbeit gern aus unseren Tagesresten holt. Wenn wir abends zurückgezogen und gesammelt den Tag Revue passieren lassen und ihn vornehmlich auf seine Gefühlsqualitäten untersuchen, decken wir dem Traum praktisch den Tisch, damit wir uns später an das erinnern können, was serviert wurde.

Wer ein Nächtebuch angelegt und schon mehrere Träume darin notiert hat, kann darin ihm persönlich wichtige Traumkapitel nachlesen. Der Traum arbeitet nämlich gern wie ein Fortsetzungsroman, der sich nicht selbst abschließt, sondern weitergesponnen werden will. So kann es sein, daß man nach der Lektüre eines früheren Traumkapitels eine stimmige Fortsetzung träumt.

Ergiebig ist es auch, sich auf eine ganz bestimmte, möglichst sogar diffuse Gefühlstönung einzulassen und meditativ in ihr aufzugehen. Sie haben beispielsweise einen unbekannten Menschen getroffen, der in Ihrer Gefühlswelt Verwirrung ausgelöst hat. Sie waren ihm spontan zugetan, aber dennoch hat Sie in Ihrem Innern irgend etwas gewarnt und zurückgehalten. Jetzt tauchen Sie einfach noch einmal in dieses verschwommene Gefühl ein, indem Sie das Erscheinungsbild dieses Menschen noch einmal mit geschlossenen Augen visualisieren und es sich einfach anschauen. Verharren Sie mindestens drei bis fünf Minuten lang in dieser Bildkontemplation. Sie geben damit Ihrer Traumkraft einen Hinweis, den sie oft bereitwillig aufgreift, um Ihnen am nächsten Morgen zweifelsfrei mitzuteilen, woran Sie mit diesem Menschen sind.

Machen wir uns klar, daß Träume wirklich keine Bilderrätsel sind, sondern daß sie uns zugestellt werden, damit wir sie anschauen können. Über das Anschauen, über die Beschäftigung mit ihnen werden sie schließlich ein Teil unseres Lebens. Wir allein können sie erkennen und deuten, denn sie sind Abbilder unseres Lebensstils, unseres Verhaltens auf einer feinstofflichen Bewußtseinsebene. Daher können wir den Traum auch nur stimulieren, nicht aber vorbestimmen.

Zunächst ist es wichtig, sich darüber klarzuwerden, welche negativen Ansichten über den Traum sich im eigenen Unterbewußtsein festgesetzt haben. Wer sich bewußt mit diesen Negativbotschaften konfrontiert und ihnen neue, positive Affirmationen gegenüberstellt, wird schneller in die eigenen Traumgefilde gelangen. Einige Beispiele mögen dies verdeutlichen:

Träume sind Schäume.
Träume schäumen wie Seife, die meine Seele rei-
nigt.

Für solchen Quatsch habe ich einfach keine Zeit...
Quatsch ist die kreative Masse meiner neuen
Gedanken und Ideen, die von anderen lediglich
noch nicht verstanden werden. Meine Träume verstehen alles, was noch unausgegoren ist. Sie enthalten meine Genialität, für die ich immer Zeit
habe ...

Das glaubst du doch wohl selbst nicht!
Ich glaube an vieles, woran andere nicht glauben.
Das unterscheidet mich von anderen Menschen.
Besonders intensiv glaube ich an mich und an den
göttlichen Funken in mir, dessen Sendbote meine
Träume sind.

Es gibt Wichtigeres in meinem Leben.
Was denn eigentlich? Schreib' es doch einmal auf!
Ist es nicht am wichtigsten, daß ich auf meinen
inneren Führer höre, der mir bessere Ratschläge
gibt als alle anderen Menschen auf der Welt? Was
ist eigentlich wichtig in meinem Leben? Arbeite
ich wirklich daran? Oder bin ich mir selbst auf den
Leim gegangen?

Das hat ja alles keine Logik und keinen Sinn.
Richtig! Träume kennen keine Logik, weil sie in
Bildern sprechen. Ich muß gar nichts verstehen,
ich muß nur anschauen und fühlen, dann habe ich
die Lösung all meiner Probleme. So einfach ist das.

Morgens ist ja sowieso alles weg.
Weil ich wie von der Tarantel gestochen aus dem
Bett springe, wenn mich der Wecker ins Tagesbewußtsein katapultiert. Ich will jetzt endlich einmal so sanft aufwachen wie ich einschlafe. Ich habe
ein Anrecht darauf. Wenn sich nämlich meine
Seele räkelt und streckt, bevor es mein Körper tut
und ich mich in Gedanken noch einmal genüßlich
umdrehe, dann kommen meine Träume ganz von
allein.

Meinungen, die man ungeprüft übernommen hat,
müssen erst einmal bewußt angeschaut und ausgelöscht werden. Es ist unglaublich, was alles zum
Vorschein kommt, wenn man diese Reinigungs-
arbeit gewissenhaft macht und seiner Traumkraft
so den Weg quasi freischaufelt.

Positive Affirmationen vor dem Einschlafen
können traumfördernd sein. Während des Ein-
schlafrituals, zu dem das Aufschütteln des Kopf-
kissens, das Einnehmen der Einschlaflage, die
Besinnung auf einen ruhig fließenden Atem und
das Schließen der Augen gehört, können wir
sagen: »Ich danke meiner Traumkraft, daß sie mir
heute Nacht einen Traum beschert, an den ich
mich in allen Einzelheiten erinnern werde.« Oder:
»Ich bin offen für alle meine Träume in dieser
Nacht, weil sie mir Wichtiges zu sagen haben und
mir helfen werden.« Oder: »Träume, ihr wichtigen Botschaften meines inneren Selbst, seid mir
auch in dieser Nacht gnädig und schenkt mir die
Achtsamkeit und Aufmerksamkeit, euch
anschauen und verstehen zu können. Ich weiß,
daß Träume wichtige Schlüssel zum Verständnis
meines Lebens sind.« Am besten ist es, mit eigenen

Affirmationen zu arbeiten. Die genannten Formulierungen sind lediglich Beispiele. Schreiben Sie eigene Formulierungen auf, die Ihnen gut über die
Lippen gehen und die sich für Sie gut anfühlen.

Auch Tagträume lassen sich im Schlafgepäck
mitnehmen. Lassen Sie einen Tagtraum, eine
Vision, die Sie während des Tages mit offenen
Augen hatten, vor dem Einschlafen noch einmal an
sich vorüberziehen. Tagträume sind nämlich die
dienstbereiten Heinzelmännchen der Nachtträume. Beide Traumspezies arbeiten füreinander
und unterstützen sich gegenseitig. Wer seinen Tagtraum wirklich wahrgenommen hat, hat damit
bereits eine Option für den Nachttraum erworben.
Versuchen Sie es!

Veränderungen finden im Traum statt

Dreizehnter Tag
Der »innere Arzt« in meinen Träumen

> Gesundheit ist die fein abgestimmte Balance
> aller Rhythmen in unserem Körper auf ver-
> schiedenen stofflichen und energetischen
> Ebenen. Die natürliche Harmonie wird
> durch falsches Denken »verstimmt«. Wenn
> wir uns selbst krank gemacht haben, können
> wir uns auch nur selbst wieder heilen.

Friedrich Weinreb hat einmal gesagt: »Die Krankheit unserer Zeit ist es, daß man nicht erträgt, daß
es kommt, wie es kommt. Man möchte es lenken,
planen, unter Zwang bringen.« Wir wollen unser
Leben bestimmen, allein Regie führen, uns gott-
gleich aufschwingen zum allmächtigen Herrscher
und Beherrscher. Dabei vergessen wir, daß dies
über das kausale Denken nicht möglich ist. »Ich,
der Herr und keiner sonst, der ich das Licht bilde
und die Finsternis schaffe, der ich Heil wirke und
Unheil schaffe. Ich, der Herr, bin es, der all dieses
wirkt.« So spricht Gott in Isaias, Kapitel 45 (6 - 7)
und erhebt damit den eindeutigen Anspruch,
sowohl das Gute als auch das Böse zu bewirken.
    In unserer modernen Zivilisationsgesellschaft
fällt es den Menschen schwer, etwas zu ertragen
oder gar zu erdulden. Geduld ist eine seltene

Tugend geworden. Wir wollen alles sofort haben, sind einem vordergründigen, egozentrierten Machtrausch verfallen, der keine Rücksicht auf andere Menschen zu nehmen bereit ist. Doch gelingt »der Aufstieg zu Gott nicht den Menschen, die in Annehmlichkeiten gelebt haben, sondern denen, die gelernt haben, auch in den schwersten Zufällen des Lebens mutig auszuharren«, sagt Porphyrius im siebenten Kapitel seiner *Epistula ad marcellam.*

Gott will uns aus der Vielfalt in die Einheit führen. Er möchte, daß wir die Ganzheit seiner Schöpfung sehen, sie nicht in Details zerpflücken und logisch analysieren. Das aber ist genau, was wir tun. Wir stehen unter dem ständigen Druck, irgend etwas festlegen, behalten, aufheben, mitnehmen und für die Ewigkeit konservieren zu wollen. Dabei hat das letzte Hemd keine Taschen. Das einzige, was weiterlebt, ist unsere Seele, und die ist unberechenbar. Sie schämt sich manchmal über das gewinnsüchtige Ego.

Wenn wir demnach mit Absicht krank werden, müssen wir auch mit Absicht wieder gesund werden können. Mit Absicht gesund werden bedeutet, Einblick in die eigenen Heilprozesse zu gewinnen, Selbstverantwortung für das Heilsein zu übernehmen und die Schuld an der Krankheit nicht auf andere zu schieben, sondern die eigenen Fehlhandlungen zu erkennen, die dazu geführt haben. Wer die Krankheit möglichst schnell verdrängen möchte und dagegen ankämpft, ist mitten in der vom Willen gesteuerten Aktivität und verhindert so, daß die heilenden Kräfte in ihn eingehen können. Würden wir schlafend unsere Traumbilder betrachten, wären wir gesund. Aber wir geben unserem Wachbewußtsein das absolute Primat, stellen den Verstand über alles und verleugnen so unsere schöpferische Nachtseite. Das ist der eigentliche Grund für unsere Erkrankungen: Wir wollen die Komplexität unserer Natur nicht mehr wahrhaben, weil wir die Befriedigung unseres Egos über alles stellen.

Heilung beginnt damit, daß wir die Krankheit, das krankmachende, störende Prinzip erkennen, annehmen und verinnerlichen. Warum habe ich mich krank gemacht? So lautet die Frage, deren Antwort nicht aus dem Kopf, sondern nur aus dem Gefühl kommen kann – aus meinem eigenen Gefühl. Denn nichts von außen rettet mich. Ich kann mich nur selbst retten.

Wie Pausanias berichtet, wurde Heilung in der Antike als persönliches Privileg verstanden, das sich der Patient durch eigene Leistungen erwerben mußte. Zur Gesundung wurden nur Auserwählte zugelassen, die die Göttin im Traum in das Heiligtum geladen hatte. Die Heilung war mit bestimmten Ritualen verbunden. Dazu gehörten Augurien und Haruspizien (Vogelschau und Wahrsagungen von Eingeweihten). Der Kranke mußte reif sein für die asklepischen Heilmysterien, und natürlich mußte er *Kairos Onyx* abwarten können, den gottbegnadeten richtigen Augenblick, die Gunst der Stunde. Jeder Patient, dessen egoistische Fehlhaltung der Prüfung durch die Traumpriester nicht standhalten konnte, mußte so lange krank bleiben, bis er die Prüfung schließlich bestand. Das Berufensein war die entscheidende Voraussetzung für die Gesundung. Heute klingt es befremdend, wenn man sagt: »Wenn du nicht bereit bist, Kranker, genau definierte, tätige Eigenleistungen zu erbringen und selbst dafür zu sorgen, daß deine Krankheit geheilt wird, hast du auch kein Anrecht auf Heilung.« Dennoch ist es auch heute noch so.

Träume waren die großen Gesundmacher der Antike. Natürlich meldete sich der Traum in irgendeiner Geschichte, die nach außen hin kausal erscheinen mußte, weil das Bild sonst nicht hätte erinnert werden können. Die zentrale Botschaft jedoch lautete immer: »Hier ist etwas abwegig, nicht mehr in Ordnung, in Disharmonie geraten. Dein System schwingt nicht mehr rund. Du bist krank.« Krank bedeutet nicht eins, nicht ausgewogen, nicht im Rhythmus. Gerade kranke Menschen träumen sehr viel. Ihre Heilung wird beschleunigt, wenn sie den erlösenden Traum erkennen.

Heilung bedeutete in der Antike letztlich nichts anderes als die Verschmelzung mit dem göttlichen Prinzip, seine Verinnerlichung. Das Anrühren Gottes (der dem Kranken innewohnenden gottgleichen Heilkraft) löste die Metamorphose von der Krankheit zur Gesundheit aus.

Die Inschriften auf den Stelen von Epidauros schildern die Heilverläufe in apodiktischer Kürze, etwa: »X kam mit der oder der Krankheit, schlief im Abaton, hatte folgenden Traum und ging nach Darbringung des Dankopfers geheilt wieder nach Hause.« Die Inkubanten waren Gefangene Gottes und wurden je nach ihrem Bewußtseinsstand unterschiedlich lange im Heiligtum festgehalten. Der Zeitpunkt der Heilung spielt auch heute noch eine wichtige Rolle. Solange der Leidensdruck, der ihn zur Einkehr und Umkehr zwingt, noch nicht groß genug ist, solange der Kranke nicht selbst einsieht, was die Disharmonie verursacht hat, darf Gott ihn nicht heilen.

Es mutet uns vielleicht fremd an, daß Heilung nie kostenlos war, schon gar nicht in der Antike. Der Geheilte mußte seinem Stand entsprechend zahlen, und zwar nicht zu knapp. Bei Bedürftigkeit bekam er göttliche Valuta für ein Jahr, wurde aber schwer bestraft, wenn er seinen Heilobulus nicht fristgerecht entrichtete. Das Geld war jedoch nicht für die Traumpriester gedacht, sondern wurde wieder zur Unterstützung Armer und Bedürftiger verwendet.

Armut hatte in der Antike das Stigma der Krankheit. Nossos und Penia (Krankheit und Armut) gehörten kultisch ebenso zusammen wie Hygieia und Plutos (Gesundheit und Reichtum). Wer gesund wurde, war zugleich auch von den beschränkenden Vorstellungen und Verführungen der Armut befreit, weil er ja nun wieder das Ganze, das Volle, das Schöpferische in sich anstreben konnte und damit wieder im Reichtum war. Im Asklepeion wurde man auch von der Armut geheilt, die krankhaftem, negativem Denken entspricht. Wer beschränkt denkt, dem bleibt die Fülle des Universums verschlossen.

Heilung vollzieht sich auf der Nachtseite unseres Lebens. Nicht umsonst spricht man von »gesundschlafen«, was eigentlich »gesundträumen« meint. Heilung ist immer Heilung der Seele. Und die Seele heilt sich nur selbst. Findet dieser Selbstheilungsprozeß nicht statt, dann kann auch der beste Arzt nicht helfen.

Vierzehnter Tag
Traumbilder – richtig angeschaut

»Das Deuten der Träume ist im allgemeinen ein betont rationaler Vorgang. Man will verstehen, will erklären und sucht schlüssige Verbindungen zum Tagleben. Das birgt – glaube ich – eine große Gefahr. Denn Träumen und Traumwelt bedeuten doch irrationale, akausale Wirklichkeit. Die Traumwelt sträubt sich dagegen, rational geglaubt und gedeutet zu werden. Man kann ja einen Menschen auch nicht durch Sezieren erklären. Der Traum muß im Gebiet des Nichterklärbaren bleiben, und doch muß er zu uns sprechen können.« (Friedrich Weinreb)

Spätestens seit Goethe wissen wir, daß alles Sichtbare nur ein Gleichnis für das Unsichtbare ist. Das Sichtbare hat seine Entsprechungen im Unsichtbaren, und alles Beweisbare ist lediglich eine Spiegelung des Unbeweisbaren. Der Traum ist das Guckloch in der Wand zwischen Sichtbarem und Unsichtbarem. Wir müssen uns klarmachen, daß Traum und Wirklichkeit keine Gegensätze sind, sondern lediglich verschiedene Erscheinungsformen einer Einheit.

In unseren Träumen können wir Episoden, Be-

gebenheiten und Situationen unseres Lebens auftauchen sehen. Was uns tagsüber widerfährt,
drückt sich im Traum doppelt aus. Ich verdoppele
mich im Traum und kann so zwei verschiedene
Seinsphasen miteinander vergleichen, sie überein-
anderlegen und ihre Abweichungen betrachten.
Über die vergleichende Betrachtung jener beiden
Seins-, Bewußtseins- oder Erlebnisformen komme
ich wieder in die Einheit.

Traumarbeit hat keineswegs immer etwas mit
komplizierter Deutung zu tun. Es gibt viele
Träume, die meiner Auffassung nach überhaupt
keiner Bearbeitung bedürfen. Sie sind klar konzi-
piert, ihre Aussagen sind weder symbolisch noch
chiffriert, und sie hinterlassen ein so bestimmendes
Gefühl, daß gar kein Zweifel an ihrer Botschaft
besteht. Grundsätzlich gibt es für die Bearbeitung
von Träumen drei Möglichkeiten, die unterschiedlich ergiebig sind. Die meisten Menschen sind
gezwungen, ihre Träume allein zu reflektieren.

Dabei gerät man jedoch sehr leicht in die Spirale
des Selbstbetrugs, der Trübungen, Auslassungen
und intellektuellen Bewertung. Besser ist es, wenn
man seine Träume anderen erzählt; schließlich kann
man Träume auch in einer Gruppe bearbeiten.

Auf welche Weise man auch an seine Träume
herangeht, wichtig ist, daß man zunächst seinen
Verstand austrickst, der sofort nach dem roten
Faden sucht und eine Story zusammenkitten will,
die möglichst logisch ist. Viel wichtiger ist es, sich
etwa auf die Frage zu konzentrieren: Wie erging es
mir in diesem Traum? Mit welchem Gefühl bin ich
aufgewacht? Bringt mich dieser Traum weiter oder
hält er mich zurück? Dies sind nicht so sehr Fragen
nach der Nützlichleit eines Traumes, sondern nach

der Gefühlstönung. Was war sympathisch, was eher unsympathisch? Was hat mich abgestoßen, was hat mich magisch angezogen?

Ein Traum hat viele Bedeutungen, nicht nur die eine, nach der ich vielleicht suche. Er agiert zumeist auf drei bis vier Ebenen, und sein buntes Gewand schillert in ganz unterschiedlichen Farben, je nachdem, aus welchem Blickwinkel man es betrachtet. Dennoch ist es natürlich möglich, den Traum zu benennen, ihm einen Namen oder Titel zu geben, der sein Wesen am besten charakterisiert. Dann suche ich beispielsweise nach Symbolen, die in der Handlung auftauchen: ein *Stuhl,* ein *Tisch,* darauf eine *Teetasse.* Eine funzelige *Lampe* brennt über dem Tisch, und schließlich verlöscht ihr *Licht* ganz. Ich sehe nur noch den *Widerschein* des *Mondes* im *Zimmer* und höre eine *Katze* miauen. (Alle Symbolworte sind *kursiv* gesetzt.) Ich beginne, diese Symbole frei zu assoziieren, indem ich mich frage, was mir zu dem jeweiligen Symbol ganz spontan einfällt, und dies möglichst aufschreibe.

Ich kann völlig frei herumphantasieren und dabei zu beachtlichen, plötzlich aufscheinenden Erkenntnissen kommen. Letztlich schaffe ich mir so eine völlig neue Nomenklatur für bestimmte persönliche Traumsymbole, die in einem konkreten Assoziationsrahmen liegen und mit denen ich in einen Dialog treten kann. Ich kann Fragen stellen, Gefühle äußern und Zweifel erklären. Dieses Frage- und Antwortspiel funktioniert bei jedem Menschen, denn so wie wir uns auf viele Fragen selbst eine Antwort geben können, so erhalten wir über den Dialog mit unseren Traumsymbolen wertvolle Aufschlüsse über uns selbst.

Wie verhält sich mein Traum-Ich, aktiv oder

passiv? Was mache ich in meinem Traum? Bin ich zu Hause oder nicht? Ist meine Umgebung real oder phantastisch? Sorge ich für meine Selbsterhaltung oder bin ich schöpferisch tätig? Werde ich getrieben, verfolgt, gehetzt oder ausgeschimpft? Bekomme ich Sympathie und Anerkennung von anderen Menschen? Bin ich von technischen Elementen oder von Symbolen aus der Natur umgeben? Was belästigt oder bedrängt mich? Was baut mich auf, was verlebendigt mich? Handle ich offensiv oder defensiv? Sind meine Reaktionen rezeptiv, beobachtend, abwägend oder entschlossen? Bin ich Herr der Szene, oder muß ich mich gar verstecken oder fliehen? Wie habe ich überhaupt reagiert? Mußte ich immer nachdenken, oder ergab sich alles aus mir selbst heraus, aus der Sicherheit meines spontanen Gefühls? Mußte ich mich verstellen, oder konnte ich mich so zeigen, wie ich wirklich bin?

Die Schlüsselfrage ist schließlich die Frage danach, was der Traum eigentlich sagen will. In jedem Traum ist eine Botschaft enthalten, die aus den verschiedenen Verpackungen herausgeschält werden möchte. Fragen zur persönlichen Lebenssituation können helfen, diese Botschaft zu entschlüsseln:

- In welchem Grundkonflikt lebe ich?
- Was kann ich an mir am wenigsten leiden?
- Wodurch wird mein Blick auf andere Menschen wesentlich beeinflußt und damit letztlich mein ganzes Weltbild?
- Befinde ich mich gegenwärtig in einem Lernprozeß, oder möchte ich aus einer momentanen Lebenssituation ausbrechen?

- Wo zwischen Liebe und Haß kann ich meine augenblickliche Gefühlslage einstufen?
- Gibt es Verhaltensweisen aus meiner Kindheit, an die ich immer noch stark gebunden bin?

Im Traum wird Unbewältigtes verarbeitet, Abgespaltenes zugeordnet, Verlorengegangenes wiedergefunden. Immer geht es um Einigung, um Ganzheit, darum, daß wir stark und kräftig weiterleben. Auch wenn im Traum etwas zerstört wird, so geschieht das nur, damit etwas Neues entstehen kann.

Die persönlichen Traumsymbole wollen ständig umkreist und neu belichtet werden. In jedem Symbol sind zwei Gegensätze enthalten. Je nachdem, wie wir es betrachten, erschließt sich uns auch eine Seite, vor der wir uns fürchten. Aber gerade das, was unangenehm und scheußlich scheint, will besonders liebevoll ans Herz gedrückt werden. Wir sollten versuchen, das Traumgeschehen und die handelnden Personen (die alle meist nur Teilaspekte des eigenen Ichs sind) möglichst wenig zu bewerten oder gar zu verurteilen. Wir sollten vielmehr versuchen, uns in der Rolle des Regisseurs zu sehen, der all diese Typen auf einer Bühne zusammengebracht hat. Wir müssen das ganze Stück betrachten, nicht so sehr die Einzelheiten.

Intellektuelles Wissen und wirkliches Erleben klaffen so weit auseinander wie Himmel und Erde. Wichtiger als einen Traum intellektuell zu erfassen ist, daß man ihn fühlt, riecht, schmeckt und erkennt. So bekommen wir einen Sinnfaden des Traumgewebes, aus dem später ein Stück Wirklichkeit gewebt werden kann.

Fünfzehnter Tag
Alpträume als Schatten meiner
Persönlichkeit

Alpträume sind Hilfeschreie unseres Unterbewußtseins. Das polare Dämonium ver-
drängter Schattenanteile unserer Seele will
endlich sprechen und verstanden sein. Der
»Feind von der anderen Bewußtseinsseite«
rüstet zum Kampf, weil nicht gekämpft werden soll, und probt den Aufstand, weil er verborgen gehalten, mundtot gemacht und nicht
wahrgenommen wird.

Je mehr wir uns mit verpflichtendem Eifer der real-
en Tageswirklichkeit verschreiben, desto stärker
nähren wir die Nachtseite unseres Unterbewußtseins, wo arglistige Dämonen eine gültige Sein-
santwort zu erpressen versuchen. Die Nachtseite
unseres Seins enthält gleichsam die Ursuppe unserer Psyche, die aus zusammengewürfelten Fragen
ohne Antworten besteht. Intellektualität führt zu
immer intensiverer Analyse, die immer weiter zer-
teilt und atomisiert, bis nichts mehr übrigbleibt.
Unser Dämonium freut sich, wenn der Mensch an
seinen Fragen verzweifelt. Weinreb beschreibt so
schön, daß es im Hebräischen nur ein Wort für
Hölle und Frage gibt. Jede Frage bringt eine neue

Frage hervor. Was war zuerst, das Ei oder die Henne? Wir kommen zu keiner Antwort und bleiben im unlösbaren Rätsel stecken, wenn wir nicht nach Entsprechungen oder Gleichnissen auf einer anderen Ebene suchen. Heilige Schriften arbeiten deshalb mit tiefgründiger Symbolik, Gleichnissen, Parabeln, Entsprechungen und Mythen, weil die letztgültige Antwort nur in Bildern gegeben werden kann, nicht in Begriffen.

Alpträume gehören zum Leben wie Salz in die Suppe gehört. Je mehr wir uns dem Wahren, Edlen, Guten und Schönen verschreiben, desto stärker drängen wir das Böse, Häßliche, Gemeine, Verlogene in den Untergrund. Da aber das Helle ohne das Dunkle nicht existieren kann, läßt sich das Dunkel nicht ungestraft verbannen. Es kommt in Alpträumen an die Oberfläche.

Alpträume sind ein Aufschrei jener notwendigen Polarität, die das Leben des Menschen bestimmt. Wir brauchen Alpträume als natürliches Ventil, durch das sich die aufgestauten Gefühle entladen können, die wir sonst zurückhalten. Ständig nur mit dem sogenannten Guten beschäftigt, nähren wir unsere Schattenwelt bis zum Überdruß. Die Lippenbekenntnisse der Scheinheiligen werden zu Lockrufen für die Höllenbrut der Nacht, jener Welt auf der Rückseite des Mondes, in der sich die Ungeheuerlichkeiten abspielen. Es gibt keine Belohnung für das Bravsein, es gibt keine Erleuchtung durch Meditation. Es gibt nur die ehrliche Arbeit der inneren Auseinandersetzung mit Licht und Schatten, Gut und Böse zwischen Wachen und Träumen, Hier und Dort, zwischen Gestern und Heute oder Heute und Morgen.

Nach der chassidischen Tradition werden

gerade die Menschen von unerwarteten und schrecklichen Alpträumen heimgesucht, die als besonders gut und gerecht gelten, die *Zaddikim*, die am Tag weder Böses tun noch Böses erleben. Auch ihnen bleibt es nicht erspart, das Leid dieser Welt mitzutragen. Wir alle sind verantwortlich für das, was in der Welt geschieht, auch für das, was andere tun. Wir sind Himmel und Hölle zugleich, Licht und Schatten, Tod und Leben, männlich und weiblich, geborgen und verloren. Wir müssen die Richtung unseres Lebens in jedem Moment neu bestimmen.

Die Mentalpositivisten spielen ein gefährliches Spiel. Indem sie ihre Gedanken mit guten Vorsätzen und positiven Affirmationen füttern, schüren sie gleichzeitig ihr eigenes Höllenfeuer. Über den Alptraum erfolgt dann früher oder später der Vulkanausbruch – mit Sicherheit! Der Alptraum ist ein sicheres Zeichen dafür, daß wir eine Seite unserer Persönlichkeit vernachlässigt haben. Eine Gesellschaft der totalen Schmerz- und Leidverdrängung ist für Alpträume prädestiniert. In geradezu besorgniserregendem Ausmaß mehren sich bei mir die Hilferufe von Menschen, die nachts unversehens von ganz schrecklichen, sich in ihrer Gewalttätigkeit steigernden Alpträumen heimgesucht und aufgerüttelt werden. Die Träumer haben keine Waffe gegen diese Angriffe, die sie bis ins Mark erschüttern. Dies geschieht zumeist in völlig sorgenfreien und scheinbar positiven Lebensphasen, in denen nicht der geringste Anlaß für solche Ausbrüche des Unterbewußtseins besteht. Ganz selten nur finden dann meine Erklärungen Gehör, daß dies eine wichtige und lebenspendende »Anmerkung« zum anhaltenden Verdrängungs-

prozeß dunkler Gedanken, schmutziger Bedürfnisse oder gar abartiger sexueller Visionen ist.

Alpträume sind nicht zuletzt auch erste Anzeichen einer beginnenden Gesundung und Ganzwerdung. Tag und Nacht wollen wieder in Balance
kommen. Gut und Böse wollen sich vermählen.
Sie wollen uns dazu bringen, uns mit dem zu
beschäftigen, womit wir uns bisher überhaupt
nicht beschäftigt haben. Um wirklich zu erkennen,
was reines, klares Wasser ist, müssen wir einmal in
der Kloake gebadet haben. Solange wir nicht beide
Seiten der Welt gesehen haben, solange wir nicht
glauben, daß der Baum des Lebens und der Baum
der Erkenntnis aus einer Wurzel gespeist werden,
solange sind wir keine wahren Menschen.

Sechzehnter Tag
Die Traum-Abschlußprüfung

> Der Traum ist unser ständiger und zuver-
> lässigster Begleiter im Leben. Er holt uns
> immer wieder ein und ruht nicht eher, bis er
> uns auf den richtigen Weg geführt hat.

Es gibt keinen Erkenntnisweg, der nicht im un-
durchdringlichen Dickicht beginnt. Sie müssen
sich erst den Weg freischlagen, bevor sich Ihnen
die ersten Ausblicke auf Ihre Seelenlandschaft er-
öffnen. So ist es auch mit dem Traum. Träume sind
äußerst sensible Gespinste aus Farben, Formen,
Empfindungen, Gerüchen, Tönen, die sich dem
Zugriff der Formulierungen entziehen und selten
in die Muster unseres Verstandes passen. Sie können diese Sprache des Traumes erlernen – langsam
aber sicher, mit kindlicher Unbefangenheit, und
sie später in Form einer lebensfrohen, sympathi-
schen Ausstrahlung an andere weitergeben. Dem
Traum wohnt eine hohe Transformationskraft
inne, die den Menschen adelt. Sie werden feststellen, wie Ihre Umgebung auf die positiven Veränderungen reagiert, die in Ihnen stattfinden.

Nun haben Sie in sechzehn Tagen träumen
gelernt und die ersten zaghaften Schritte in das un-
ermeßliche und kreative Traumland Ihres eigenen

Selbst gemacht. Ziehen Sie nun Bilanz. Prüfen Sie, wie weit Sie gekommen sind mit der Ergründung Ihrer eigenen Träume.

Anhand des folgenden Tests können Sie leicht feststellen, wie weit Sie gekommen sind und über welche Traumbereiche Sie noch reflektieren müssen. Die Fragen 4 bis 11 sind die tiefgründigsten und wichtigsten Fragen, auf die Sie sich die Antworten in erster Linie selbst geben müssen. Es ist noch kein Traummeister vom Himmel gefallen. Aber es sind schon Menschen ins »Bildern« gekommen, die sich noch nie in ihrem Leben an ihre Träume erinnern konnten und damit einen wichtigen Teil ihres Lebens unbeachtet gelassen haben. Warum sollte Ihnen das nicht auch gelingen? Versuchen Sie es.

1. Wieviele Träume der letzten Woche haben Sie behalten und aufgeschrieben?

	Punkte
○ einen	1
○ zwei	2
○ drei	3

2. Wieviele dieser Träume konnten Sie befriedigt anschauen, erkennen und ihrem tieferen Sinn nach auswerten?

○ einen	1
○ zwei	2
○ drei	3

3. Schildern Sie mindestens

○ drei	1

○ fünf   2

○ sieben   3

Symbole aus einem Traum und erklären Sie deren Bedeutung für Sie.

4. Welche verdrängten oder von Ihnen noch nicht wahrgenommenen Gefühle haben Ihre Träume ans Tageslicht gebracht? Welche Erlebnisse haben Sie ursprünglich veranlaßt, diese Gefühle zu unterdrücken oder gar zu verleugnen?

5. Haben Sie Wiederholungsträume?

    ○ ja   1

    ○ häufig   2

    ○ niemals   0

6. In welchem inneren Konflikt haben Sie sich befunden oder befinden Sie sich immer noch? In welcher Traumgeschichte ist dieser Konflikt wieder aufgetaucht, mit welchen Lösungsvorschlägen?
   – Wie sehen Sie Ihre eigene Verantwortlichkeit für diesen Konflikt?
   – Welche anderen Personen sind an diesem Konflikt beteiligt?
   – Gibt es eine Lösung für diesen Konflikt über außenstehende Personen?

7. In welche eingeübten Rollen fallen Sie in bestimmten Situationen immer wieder, ohne daß Sie sich darin innerlich wirklich akzeptieren können? Wo und wann spielen Sie ein Spiel, an dem Sie gar keine Freude haben?

8. Betrachten Sie sich das folgende Diagramm, das Ihre Beziehung zu Ihrem Körper verdeutlichen soll. Schreiben Sie Ihre persönlichen Kommentare in die jeweiligen Kästchen. Schreiben Sie, was Sie an Ihrem Körper mögen und was nicht.

9. Haben Sie von sexuellen Praktiken geträumt, die Sie in Wirklichkeit noch nie ausgeführt haben? Welche? Haben Sie (verbotenen) Traumbeischlaf mit jemandem geübt, der normalerweise unerreichbar für Sie wäre?

10. Wo schlummern Ihre Begabungen, Fähigkeiten oder Talente, mit denen Sie im Traum umgehen konnten und erfolgreich waren, ohne daß sie Sie in Wirklichkeit je zur Geltung gebracht hätten?

11. Auf welche verpaßten Gelegenheiten und ungenutzten Chancen haben Ihre Träume Sie nachhaltig oder verschleiert hingewiesen? Was ist Ihnen nachträglich dazu eingefallen?

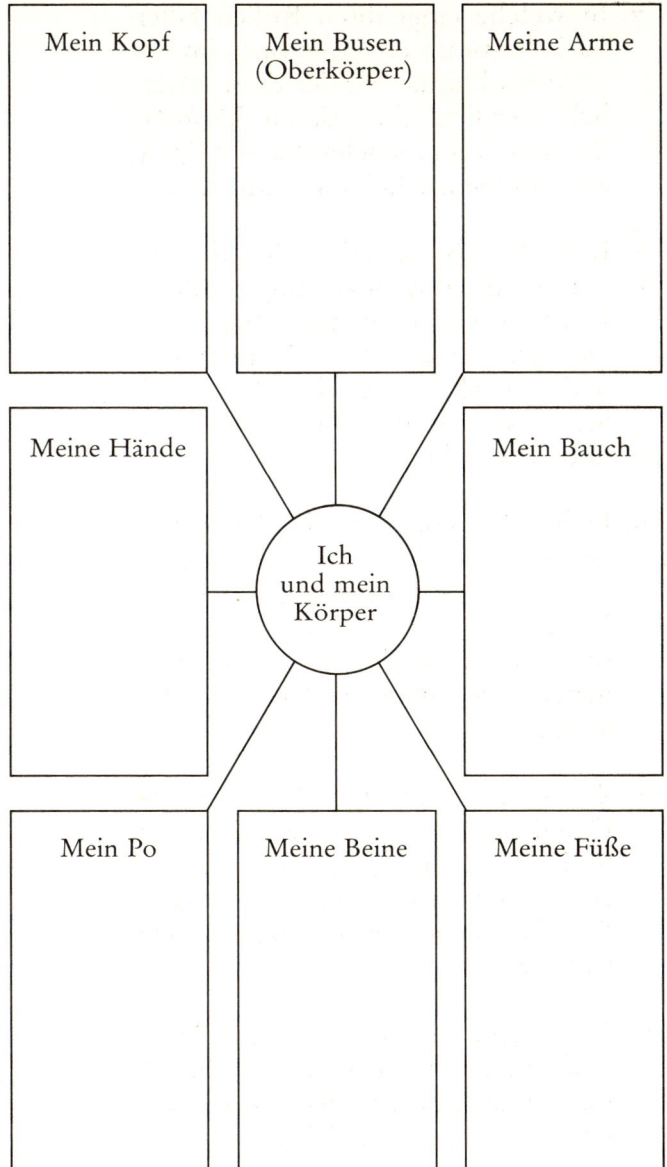

12. Haben Sie Einschlaf- oder Durch-
    schlafstörungen oder leiden Sie an
    Schlaflosigkeit? Schlafen Sie länger
    als   Punkte

    ○ sechs   4

    ○ sieben   3

    ○ acht   2

    ○ neun   1

    Stunden pro Nacht?

13. Halten Sie Mittagsschlaf? Ist dieser

    ○ kürzer als eine halbe Stunde   2

    ○ länger als eine halbe Stunde   1

    ○ länger als eine Stunde   0

14. Machen Sie tagsüber im Sitzen gele-
    gentlich

    ○ ein kurzes Nickerchen   1

    ○ mehrere kurze Nickerchen   2

    ○ träumen Sie hierbei?   3

15. Konnten Sie über Ihre Träume kom-
    plizierte oder gestörte Verbindungen
    zu anderen Menschen

    ○ klären und bereinigen   3

    ○ neu aufnehmen   2

    ○ endgültig beenden   3

    weil Sie diese Entwicklung im Traum
    gezeigt bekamen?

16. Haben Sie über einen oder mehrere
Träume Ihre eigene Natur, Ihr wirkliches Wesen, Ihr wahres Selbst
erkannt? Geben Sie Ihrem   Punkte
   ○ Verstand   1
   ○ Gefühl oder   2
   ○ Willen   0
   den Vorrang, und was nimmt den
   zweiten Platz ein?

17. Glauben Sie, daß Sie Ihre gegengeschlechtliche Komponente, die
männliche als Frau und die weibliche
als Mann,
   ○ akzeptieren und ausleben   3
   ○ verleugnen, unterdrücken und
     verachten?   1
   Haben Ihnen Ihre Träume verwert-
   bare Hinweise in dieser Richtung
   gegeben?

18. Sind Sie in Ihren Träumen mit Teilpersönlichkeiten Ihres Ichs in Berüh-
rung gekommen, die eher
   ○ dominant und fordernd   2
   ○ angepaßt, unterwürfig und   1
     kompromißbereit
   ○ völlig passiv und unbeteiligt   0
     agierten?

19. Gab es Traumverfolger,   Punkte

 ○ von denen Sie sich erwischt und
  verraten fühlten   1

 ○ vor denen Sie sich ängstigten oder
  fürchteten   1

 ○ von denen Sie sich verfolgt und in
  die Flucht geschlagen fühlten 1

 ○ von denen Sie sich gestellt,
  gezüchtigt und bestraft fühlten 1

 ○ die Sie ermunterten oder
  ermutigten   2

 ○ die Sie zu neuen Abenteuern
  anstifteten   3

 ○ die Sie um Beistand oder Rat
  ersuchten?   2

(Mehrfachnennungen möglich)

20. Bekamen Sie über Ihre Träume
  Hinweise auf

 ○ Krankheiten   3

 ○ gesundheitliche Indispositionen 2

 ○ Unfälle oder Verletzungen   1

 ○ spezifische Organ-, Kreislauf-
  sowie Stoffwechselschwächen 3

 ○ Operationen   3

 ○ Schwankungen in der Tagesform 1

 ○ Krankheiten nächster Angehöriger, 1

bevor diese Krankheiten wirklich
zum Ausbruch gekommen waren?

(Mehrfachnennungen möglich)

21. Wurden Ihnen über Ihre Träume   Punkte

    ○ Therapievorschläge   3

    ○ Ernährungshinweise   3

    ○ Heilanzeigen   3

    ○ neue Lebensregeln   2

    ○ neue Verhaltensweisen   2

    ○ Kur- und Heilorte   1

    ○ Helfer (Ärzte, Heiler)   1

genannt oder symbolisch angedeutet? Konnten Sie mit diesen Traum-
ratschlägen tatsächlich etwas für Ihre
Gesundheit erreichen?

(Mehrfachnennungen möglich)

22. Konnten Sie Ihren Träumen plausi-
ble und verwertbare Hinweise entnehmen auf

    ○ Berufswechsel   2

    ○ Partnerwechsel   ·   3

    ○ Wohnortveränderungen   1

    ○ Veränderungen des Lebensstils   2

    ○ Veränderungen des Milieus   1

    ○ körperliche Ertüchtigung   2

    ○ musische Fähigkeiten   2

    ○ Hobbies   1

    ○ Veränderungen im Bekannten-
       oder Freundeskreis   2

    ○ Hinwendung zur Religiosität   3

○ bestimmte Bücher   1

 ○ Reise- oder Urlaubsziele   1

 ○ Vermeidung von Problemen?   1

Waren diese Hinweise

 ○ offen und klar verständlich   2

 ○ im Symbolen versteckt   3

 ○ indirekt angedeutet   1

 ○ als unumgängliche Lösungen   3

mitgeteilt?

(Mehrfachnennungen möglich)

Auswertung des Tests

18 bis 25 Punkte
Sie träumen; Sie erinnern sich auch an Ihre
Träume, ohne ihnen jedoch eine lebensbegleitende
Funktion einzuräumen. Sie stehen mit Ihrer
Traumarbeit am Anfang und haben alle Chancen,
mit einem wichtigen inneren Führer in Kontakt zu
kommen.

26 bis 33 Punkte
Sie zeigen Interesse an Ihren Träumen, doch Ihr
Traumverstehen läßt noch zu wünschen übrig.
Gehen Sie weiter auf diesem wichtigen Weg der
Selbsterkenntnis. Beginnen Sie damit, Ihre
Träume künftig auch Ihren nächsten Angehörigen
zu erzählen und sie aufzuschreiben.

34 bis 42 Punkte

Die ersten Traumerfolge stellen sich bereits ein. Sie wissen, daß Träume Spiegel der Seele sind, in denen abgespaltene Teilpersönlichkeiten und verdrängte Schatten sichtbar werden, wobei in lebensechten Situationsprojektionen Wertinhalte an die richtige Stelle gerückt werden. Nur Übung macht den Meister. Träumen Sie weiter; kümmern Sie sich um die Träume.

43 bis 55 Punkte

Sie können Ihre Träume bereits als innere Wegweiser nutzen. Sie erkennen auf diese Weise tiefer in Ihnen wurzelnde Gefühle, Bedürfnisse und Wünsche und kommen sich selbst auf die Spur. Arbeiten Sie nun verstärkt mit den Fragen 4 bis 11 und führen Sie ein Nächtebuch zur besseren Kontrolle.

Über 55 Punkte

Ihre Träume haben Einfluß auf die positive Ausrichtung Ihres Lebens und auf Ihre sozialen Kontakte. Ihre Träume beginnen sich nun stark zu verändern, klarer zu werden und sich mit Symbolen anzureichern. Sie bekommen zunehmend eine Kraft, die Sie zu verändern beginnt. Führen Sie weiterhin einen intensiven Dialog mit Ihren Träumen, und Sie werden sichere Erkenntnisfrüchte ernten.

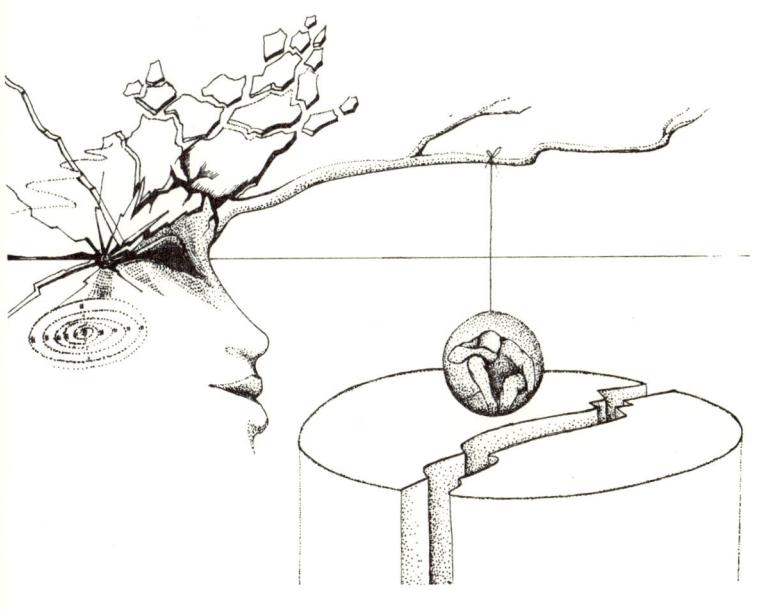

Der Traum zeigt dir deinen Lebensstil

Traumübungen

Meine gegenwärtige Lebenssituation
Eine Bilanz

Mein Körper	jetzt
Figur und Aussehen	
Essen und Trinken	
Entspannung und Schlaf	
Sport und Fitneß	
Krankheiten	
Beschwerden und Schmerzen	
Einstellung zum Tod	

kurzfristig	langfristig

Meine Familie	jetzt
Verhältnis zum Partner	
Zeit für Kommunikation	
Zeit für gemeinsame Vorhaben	
Gemeinsame Reisen	
Gemeinsame Wochenenden	
Sexualität und Zärtlichkeit	
Zeit für die Kinder	
Zeit für die Kindererziehung	

kurzfristig	langfristig

Mein Beruf	jetzt
Entwicklung der Karriere	
Zufriedenheit mit der Arbeit	
Führungsverhalten	
Anerkennung durch andere	
Kooperation mit anderen	
Einkommens- entwicklung	

kurzfristig	langfristig

Meine Freunde und Bekannten	jetzt
Zeit für soziale Kontakte	
Kommunikations–fähigkeit	
Konfliktverhalten	
Reden und Schweigen	
Zeit für kulturelle Veranstaltungen	

kurzfristig	langfristig

Fragen an meine Traumkraft

1. Mit welchen besonderen Schwächen habe ich zu kämpfen? Wie begegne ich ihnen?

2. Welche besonderen Stärken, die ich bisher ungenügend genutzt habe, habe ich?

3. Welche berufliche Betätigung verschafft mir die höchste Arbeitsmotivation und innere Erfüllung?

4. In welchem Partnertyp (genau beschreiben) finde ich die beste menschliche Ergänzung?

5. Auf welches Problem bin ich besonders fixiert? Wie kann ich es lösen?

6. Wo liegen meine Denkfixierungen, mit denen ich meinen Erlebensspielraum merklich einschränke?

7. Welche Unlustgefühle beherrschen mich oft? Wie und wodurch entstehen sie?

8. Welche Lustgefühle oder Lustbedürfnisse unterdrücke ich? Was hat das für Folgen?

9. Was hindert mich daran, vorurteilsfreier und selbstloser zu lieben, ohne etwas zu fordern?

10. Welchen Beitrag kann ich persönlich zur Verbesserung der Lebensbedingungen auf unserer Erde leisten?

11. Mit welcher sinnvollen Aufgabe kann ich meinen Lebensabend erfüllen und verschönern?

12. Welchen Menschen, Bekannten oder Freunden in meinem unmittelbaren Lebenskreis kann ich helfen und wie?

13. Wie und wodurch kann ich schwaches Leben in Mensch und Kreatur unterstützen und lieben lernen?

Richten Sie nicht mehr als eine Frage wöchentlich an Ihre Traumkraft und warten Sie geduldig auf die Antwort. Sollten sie nach vier Wochen noch immer keine innere Antwort auf Ihre Frage bekommen haben, dann sind Sie noch nicht reif dafür. Gehen Sie dann zur nächsten Frage über. Unsinnig ist es, mehrere Fragen auf einmal oder zur gleichen Zeit stellen zu wollen. Wählen Sie die für Sie brennendste Frage aus und meditieren oder träumen Sie eine Zeitlang nur über diese Frage.

Formulieren Sie die Frage an Ihre Traumkraft in ein oder zwei kurzen und gut verständlichen Sätzen. Sprechen Sie diese Sätze beim Einschlafen mehrmals laut und dann später leise und nach innen gerichtet immer wieder aus wie ein Mantra, das Ihrem Unterbewußtsein eingegeben wird. So dringt Ihre Traumfrage am besten und schnellsten in die Wahrnehmungsgefilde Ihrer Traumkraft ein. Achten Sie darauf, daß Sie jede Nacht empfangsbereit und aufnahmewillig sind für die Botschaft Ihrer Träume. Ihre Traumkraft zieht sich sonst beleidigt zurück.

Schreiben Sie Ihre Fragen zur Kontrolle auf, und formulieren Sie sie nach einer Woche etwas um, wenn Sie keine Traumantwort bekommen haben. Es ist möglich, daß Ihre Traumfrage eine Verhinderung oder eine Negativformulierung enthält, auf die Ihre Traumkraft nicht reagiert.

Gehen Sie in jedem Fall von der gläubigen Annahme aus, daß Ihre Frage in jedem Fall von Ihrer Traumkraft verstanden und beantwortet wird. Nähren Sie diesen festen Glauben jeden Tag von neuem und machen Sie ihn zu einem unerschütterlichen Bekenntnis Ihrer Seele.

Begegnung mit der Traumkraft

Affirmationen, mit denen ich meine Traumkraft anrufen kann

Ich weiß, daß du mir immer beigestanden und mir wertvolle Lebenshilfe gewährt hast. Ich weiß jetzt, daß ich dir vertrauen kann. Von nun an werde ich dich gewissenhaft beachten, mir jeden Traum notieren und mich mit ihm beschäftigen.

Ich bitte dich, liebe Traumkraft! Sende mir auch heute nacht wieder einen erhellenden Traum, der mir die Wahrheit über mich selbst sagt, eine Wahrheit, die ich anders nicht schauen kann. Ich werde alles gewissenhaft aufnehmen.

Ich weiß, daß Träume für mich eine wichtige Lebenshilfe bedeuten. Deshalb bitte ich dich auch heute nacht, liebe Traumkraft, mir wieder einen Traum zu schicken, den ich verstehen kann.

Ich möchte meinen Träumen in Zukunft mehr Beachtung schenken. Von jetzt an will ich auf alle Botschaften meines Unterbewußten lauschen und alle traumeingegebenen Ratschläge willig befolgen.

Das wird eine traumschöne Nacht heute. Ich werde auf meine Träume und ihre wichtigen Informationen achten. Ich werde mich meinen Träumen intensiv widmen und Vorkehrungen treffen, damit ich die Träume von heute nacht auch erinnern kann.

Ich werde mich beim Aufwachen ganz bestimmt an einen Traum erinnern und ihn in allen Einzelheiten wiedergeben können.

Für einen Traum, den ich in der folgenden Nacht erwarte, werde ich eine Bewußtseinsspur legen und mich völlig mit diesem Traum identifizieren. Meine Seele geht der Traumkraft willig entgegen. Alle meine Sinne sind heute nacht auf meine Träume eingestellt, um sie behalten zu können. Ich danke dir schon jetzt, liebe Traumkraft, daß du mir eine lückenlose Traumerinnerung erlaubst.

Wie behandle ich meinen Körper? Wie handelt mein Körper?

Wir Menschen erfahren die Realität der Welt nur über unseren Körper. Seine Lebendigkeit ist der Gradmesser für unsere Fähigkeit, zu fühlen und Gefühle zum Ausdruck zu bringen. Wenn wir die innige Bindung zu unserem Körper lockern oder gar verlieren, schwindet die Realität. Es droht die Gefahr einer Abtrennung oder Spaltung, die nicht selten in die Neurose führt.

Erfinden Sie daher einen Traum, der von Ihrem Körper handelt. Wie behandeln Sie Ihren Körper? Wie können Sie ausdrücken, wie sich Ihr Körper in diesem Augenblick anfühlt? Wie fühlt er sich morgens, mittags oder abends an? Wie lebt er bei der Arbeit? Wo fühlt er sich am wohlsten?

Ist Ihr erdachter Traum befriedigend, gar lusterregend oder vielleicht nur erdrückend? Wie können Sie in Ihrem Traum erkennen, was sie an Ihrem Körper nicht mögen, was Ihnen an Ihrem Körper nicht gefällt? Welche Bedürfnisse hat Ihr Körper? Wie äußert er diese Bedürfnisse? Wie reagieren Sie darauf? Was erlauben Sie Ihrem Körper, was nicht?

Zeichnen Sie den Körperteil oder das Organ, das Sie an Ihrem Körper am liebsten haben, und jenes, dem Sie am wenigsten Aufmerksamkeit schenken. Danach überlegen Sie, wie Sie das ändern können. Was können Sie tun, damit sich Ihr Körper als Vehikel Ihres Geistes wohler fühlt und ganz zu Ihnen gehört?

Denken Sie immer daran: Es ist Ihr Körper, der sich nach Liebe sehnt, der sich in Angst zusammenzieht, der vor Furcht erstarrt, der sich nach Wärme und Zärtlichkeit sehnt, der sich duckt oder versteckt, der sich aufrichtet und gesehen werden will. Ohne ihn sind wir fleischlose Skelette. Ihre Träume helfen Ihnen, ein *ganzer* Mensch zu werden.

Welche Gefühle unterdrücke ich am Tage?

Beschreiben Sie alltägliche Situationen, in denen Sie Ihre Gefühle unterdrücken. Es geht um Situationen, in denen Sie sich bewußt sind, daß Sie Gefühle und Emotionen zurückhalten, daß Sie nicht alles sagen, was Sie denken, oder daß Sie etwas ganz anderes sagen. Sie passen sich an, um Streit und Auseinandersetzung zu vermeiden, damit Sie »Ihre Ruhe haben«.

Schreiben Sie auch auf, welchen Menschen gegenüber Sie sich besonders oft auf diese Weise verstellen. Unterteilen Sie die Situationen in beruflich und privat. Sie erkennen so, in welchen Lebensbereichen Sie ehrlich reagieren und in welchen opportun, angepaßt und zu kompromißbereit.

Einen Traum erzählen

Erinnern Sie sich an den letzten Traum, den Sie gehabt haben. Versuchen Sie, ihn in einfache Worte und kurze Sätze zu fassen, so als ob Sie ihn einem guten Bekannten erzählen würden. Beschreiben Sie den Schauplatz, die auftretenden Personen und Gestalten. Konzentrieren Sie sich auf die Dialoge. Vergessen Sie die scheinbar unwichtigen Kleinigkeiten am Rande nicht, die zumeist eine besondere Bedeutung haben.

Grübeln Sie nicht über das Unverständliche nach und geheimnissen Sie keine Deutungen in Ihre Träume. Viel wichtiger ist es, festzustellen, wie Sie sich an den verschiedenen Stellen im Traum gefühlt haben. Besonders wichtig ist Ihre Stimmung unmittelbar nach dem Erwachen.

Wenn Sie keine lebendige Erinnerung mehr an einen Traum haben, denken Sie einfach an irgendein Erlebnis, das eine Bedeutung für Ihr Leben hatte. Führen Sie sich alles noch einmal plastisch vor Augen, und erzählen Sie die Geschichte so, als sei sie ein Traum gewesen. Schreiben Sie die Geschichte auf, und lesen Sie sie anschließend noch einmal durch.

Fragen Sie sich, ob sich die Bedeutung dieses Erlebnisses für Sie nicht schon gewandelt hat. Wenn ja, wie? Machen Sie sich dazu einige Anmerkungen.

Wie agiert mein Traum-Ich?

Schreiben Sie alle Träume der letzten Tage und Nächte auf, an die Sie sich spontan erinnern können. Es ist egal, ob es sich um Tag- oder Nachtträume handelt. Legen Sie dabei besonderes Gewicht auf die Darstellung Ihrer eigenen Person. In welchen Rollen und mit welchen Aufträgen haben Sie wie im Traum agiert? Waren Sie überwiegend passiv, stumm und gelassen oder aktiv, redselig und aufgeregt?

Erkennen Sie in diesen Aktions- und Aktivitätsmustern Ihren gegenwärtig vorherrschenden Verhaltenskodex? Entsprechen die Traumbilder Ihrer handelnden Wirklichkeit oder zeigen sie womöglich Verhaltensweisen, die Ihren bisherigen polar entgegengesetzt sind und die sie sich jetzt aneignen sollten?

Traumübung für den Fall, daß ich in der letzten Nacht *nicht* geträumt habe

Versuchen Sie, ganz langssam und behutsam aus dem leichter werdenden Schlaf am Morgen in das Wachbewußtsein aufzutauchen. Je langsamer und natürlicher dieser Prozeß vonstatten geht, je länger man sich räkelt und streckt und genüßlich über die verbrachte Nacht sinniert, desto mehr von den geträumten Bildern der letzten Nacht können festgehalten werden. Vermeiden Sie möglichst jedes pflichtbewußte Aufschrecken aus dem Schlaf.

Falls Sie trotz langsamen Hochdämmerns aus dem Schlaf keinen Traumzipfel mehr erwischen, sollten Sie sofort Ihr auf dem Nachttisch liegendes

Nächtebuch zur Hand nehmen und eintragen, wie Sie sich fühlen und was Sie fühlen. Sie sollten also die Grundstimmung dieses Morgens aus Ihrer gegenwärtigen Gemütslage heraus beschreiben. Schreiben Sie einfach alles auf, was Ihnen in diesem Moment einfällt. Lesen Sie dann alles nochmals durch, und machen Sie vielleicht noch einige Ergänzungen. Erfinden Sie dann einfach aus dem Gerüst Ihrer Aufzeichnungen eine Traumgeschichte und bauen Sie sie mit etwas Phantasie und Intuition weiter aus. Schmücken Sie die Geschichte ganz nach Belieben. *Jetzt* haben Sie plötzlich Ihren Traum. Nehmen Sie diesen neuen Traum liebevoll an, betrachten Sie ihn von allen Seiten und beginnen Sie, mit ihm zu arbeiten, so wie wir es bereits beschrieben haben:

– Betrachten Sie die Rolle Ihres Traum-Ichs. Agiert es in diesem Traum aktiv oder passiv?
– Sind die vorkommenden Personen oder Dinge wirklichkeitsgetreu, oder handelt es sich um Teilpersönlichkeiten Ihres eigenen Ichs und um Symbole, die für Requisiten oder Objekte aus Ihrer unmittelbaren Umgebung stehen?
– Worum kreist Ihre Traumgeschichte? Kann man ihr eine Überschrift geben oder sie unter ein Motto stellen?
– Enthält Ihr Traum irgendeine bestimmte Botschaft oder Nachricht, eine Aufforderung oder einen Hinweis, auf etwas zu achten?
– Wie ist Ihr augenblickliches Gefühl, wenn Sie diesen Traum betrachten, überdenken und nachfühlen? Steigt irgendeine Erkenntnis in Ihnen auf?
– Wie können Sie diesen Traum befolgen oder

behandeln? Was können Sie *tun*, damit die Sache zu einem guten und befriedigenden Ende geführt wird?

- Wollten Sie sich auf Kosten eines anderen bereichern oder sich einen ungerechtfertigten Vorteil erschleichen?
- Haben Sie etwas verschleiert oder verborgen, was für einen anderen Menschen wichtig war? Meldet sich Ihr schlechtes Gewissen in irgendeiner Form?
- Ist eine Ihrer Beziehungen zu einem anderen Menschen belastet oder ungeklärt? Was sagt Ihnen Ihr Traum zu diesem Punkt?
- Haben Sie sich in einer Sache gar selbst belogen oder getäuscht (obwohl Sie den wahren Sachverhalt eigentlich längst erkannt haben)?
- Möchten Sie etwas beenden oder neu aufgreifen und weiterbehandeln, weil Sie mit dem Ausgang und dem Ergebnis unzufrieden sind?
- Haben Sie irgend etwas vergessen oder verabsäumt, was noch zu tun ist, und kommt es Ihnen jetzt wieder in den Sinn?
- Gehen Sie einem Problem aus dem Weg, das schon lange hätte bewältigt werden sollen?
- Fallen Sie in ein altbekanntes und vertrautes, aber unangenehmes Reaktionsmuster aus Ihrer Jugend zurück, das Sie in einer ganz bestimmten Weise unangemessen »funktionieren« läßt?
- Entdecken Sie in Ihrer Geschichte irgendeine vertraute Erfahrung von einst oder eine Situation, die Sie bereits einmal ähnlich erlebt haben? Wie haben Sie damals darauf reagiert?
- Können Sie in Ihrer Geschichte einen Wunsch, ein Bedürfnis oder ein Anliegen entdecken, das Sie sich bisher nicht eingestehen wollten?

- Möchten Sie einem Menschen in Ihrer näheren Umgebung etwas sagen, und wissen Sie nicht, wie Sie es ausdrücken sollen? Gibt Ihnen Ihre Traumgeschichte hier einen Hinweis?
- Haben Sie etwas Bestimmtes vor, und wissen Sie nur nicht, wann Sie es tun sollen? Entdecken Sie in Ihrem Traum vielleicht den Hinweis auf einen bestimmten Zeitpunkt?
- Haben Sie Schmerzen oder Ängste, die Sie noch nicht wahrgenommen haben, auf die Sie Ihr Traum aber bereits schonend vorbereitend hinweisen will?
- Sollten Sie in Ihrer näheren Umgebung etwas verändern, verschönern, umgestalten oder auch nur anders sehen, als Sie es bisher gesehen und erfühlt haben?

Traumübung zur Ermittlung meines grundlegenden Körpergefühls

Ihr Körper ist Ausdruck Ihres psychischen Ichs. Alle Gedanken, Vorstellungen und Gefühle, die um den Körper kreisen, sind Ausdruck des egoumkreisenden Ichs. Das Gefühl körperlicher Unvollständigkeit, unheile und bedrohliche Körpervorstellungen, Versagensängste, die sich im Traum als »Auf-der-Stelle-treten« und »Wie-angewurzelt-stehenbleiben« äußern, sind typische Muster eines gestörten Körpergefühls. Es weist auf eine Verdrängung oder Verleugnung (stärkere Form), auf ein Mißverhältnis zwischen geistigem und körperlichem Empfinden oder auf eine schmerzhafte Verformung hin, die zu einer eingeengten Dynamik des allgemeinen Körpergefühls geführt hat.

Immer dann, wenn dem Körper etwas fehlt, liegt eine Störung vor, und damit befinden Sie sich bereits im ersten Stadium einer möglichen Krankheit. Ihr Traum stellt die besten Diagnosen, denn Ihr Unterbewußtsein kennt Ihren Körper ganz genau.

Nehmen Sie sich bei Ihrer abendlichen Traumprogrammierung einfach vor, von Ihrem Körper zu träumen:

»Ich träume heute nacht von meinem Körper und erlebe alle Gefühle und Bilder, in denen mein Körper lebt. Mein Körper kann dabei alles wahrnehmen, was ihm guttut und was weniger gut für ihn ist, weil er im Traum lebendig darauf reagiert und über Bewegung antwortet.«

Zur Traumerinnerung stellen Sie sich folgende Fragen:

- Was fehlte meinem Körper im Traum?
- Wie fühlte sich mein Körper im Traum an? Hart, geschmeidig, erstarrt, nachgiebig, steif, beweglich, elastisch? War er angebunden, sprungbereit, gelähmt, müde oder zerschlagen, forsch und munter, ausgelaugt oder stark?
- Was hat mir an meinem Körper nicht gefallen? Was habe ich abgelehnt?
- Haben andere abfällige Bemerkungen über meinen Körper gemacht?
- Hat mein Körper allen Traumanforderungen standgehalten, oder hat er eher versagt?
- War mein Körper im Traum zu Höchstleistungen bereit, oder hat er nur der Norm entsprechend reagiert?

- Hatte ich liebevolle Empfindungen bezüglich meines Körpers, oder habe ich ihn eher abgelehnt?
- Fehlten irgendwelche Körperteile, oder wurden sie einfach nicht als zum Körper gehörig registriert?
- Hat mein Körper in einer bestimmten Traumsituation anders reagiert, als ich es eigentlich wollte?
- Hat eine bestimmte Bewegung im Traum Schmerzen verursacht oder inneres Unwohlsein hervorgerufen?
- Welche Körperstellen haben sich als am empfindsamsten herausgestellt?

Zeichnen Sie eine Skizze Ihres Körpers. Schraffieren Sie die Stellen rot, die sich besonders lebendig angefühlt haben; orange die Stellen, die Sie als normal empfunden haben; braun, die Stellen, die beschwerlich oder träge reagierten; dunkelgrau die ganz müden Stellen, die Sie nicht mehr unter Kontrolle haben; schwarz die schmerzenden oder wehen Körperpartien, und violett schließlich die Partien, zu denen Sie eine besonders innige geistige Beziehung haben.

Studieren Sie diese gegenwärtige Landkarte Ihres Körpers gründlich und machen Sie sich besonders über die grauen und schwarzen Stellen Gedanken. Bitten Sie Ihre Traumkraft in einem Anschlußtraum um Aufklärung darüber, wie Sie Ihre Beziehungen gerade zu diesen vernachlässigten Körperstellen verbessern und beleben können. Entwerfen Sie dann ein Bewegungs- oder Fitneß-programm, das Ihnen ermöglicht, diese Körperstellen besser zu fühlen und zu erspüren.

Besuch in meinem eigenen Lebenshaus
Eine luzide Traumübung

Spüre deine Füße. Spüre deine Zehen, die Fußballen, die Fersen, die Knöchel und jenen Punkt, an dem du über deine Füße mit der Erde in Verbindung kommst. Lenke dein Bewußtsein nun in die Unterschenkel. Fühle, wie sie sich entspannen. Geh weiter zu den Knien und Oberschenkeln. Entspanne sie. Begrüße nun deine Beine, deinen Körper. Schenke ihm Aufmerksamkeit. Er ist dein Stückchen Erde. Geh nun weiter zu den Hüften. Laß sie sich dehnen und weiten, laß die Bauchmuskulatur sich glätten und weich werden. Spüre dein Gesäß. Während du deine Aufmerksamkeit auf dein Steißbein richtest, läßt du dich ganz sanft und sacht sinken. Du vertraust dein ganzes Gewicht der Erde an. Du läßt dich von ihr tragen und gibst all dein Gewicht ab.

Gib alles Gewicht einfach der Erde. Laß los, ohne in dich zusammenzusinken. Beim Loslassen stellst du dir vor, wie breit du auf dieser Erde aufliegst. Du beanspruchst deinen Platz auf Erden im unumstößlichen Wissen um deine Sicherheit. Mach dich breit und laß dich tragen. Du brauchst nichts, rein gar nichts dazuzutun. Du gehst weiter, weiter in diesem Gefühl der Sicherheit des Dich-Breitmachens, des Daseins. Das Bewußtsein geht jetzt in deinen Atem, du spürst, daß sich dein Brustkorb mit jedem Atemzug hebt und senkt. Verändere deinen Atem nicht, laß zu, daß er tiefer und langsamer wird, ohne daß du etwas dazutust.

Geh nun mit deinem Bewußtsein zu dem Punkt, an dem sich Schultergürtel und Wirbelsäule kreuzen. Laß die Schultern los, so daß sie ihre natür liche Position einnehmen. Spüre deine breiten, freien Schultern. Spüre deine Freiheit und Würde, dein Ichsein in diesem Moment. Lenke nun deine Aufmerksamkeit auch auf Arme und Kopf, bis sich dein Bewußtsein langsam in deinem ganzen Körper ausbreitet. Es ist dir bewußt, daß dein ganzer Körper von einer eiförmigen goldenen Lichthülle umgeben ist, einem Lichtmantel aus goldener, schützender Energie. Langsam öffnet sich diese Lichthülle, so als ob du durch deine Haut hindurch in das Licht atmest. Du dehnst dich aus, in dieses goldene, sanfte, heilende Licht hinein. Du läßt dich ganz umhüllen von diesem Lichtmantel und spürst seine lebenspendende, schützende Energie so intensiv du kannst.

Langsam taucht vor deinem geistigen Auge ein Haus auf. Du schaust dir die Fassade dieses Hauses an. Woran erinnerst sie dich? An das Haus deiner Eltern, deiner Großeltern oder anderer wichtiger Bezugspersonen? Wie ist die Umgebung? Gibt es einen Garten? In welchem Zustand befindet sich dieser Garten? Welche Jahreszeit erkennst du aus dem Zustand des Gartens? Blüht alles oder ist gerade angepflanzt? Ist der Garten ordentlich oder verwildert? Du siehst plötzlich, wie du selbst um das Haus herumläufst und von hinten durch die Fenster schaust. Du kannst dich selbst beobachten. Zugleich siehst du auch mit eigenen Augen, wie es im Haus ausschaut. Hast du dabei eine Empfindung oder Eingebung?

Du hast das Haus lange genug von außen betrachtet und trittst jetzt durch das Hauptportal ein. Jede kleinste Einzelheit prägt sich dir unauslöschlich ein. Wie ist die Haustür? Wie leicht geht sie auf? Welchen Beschlag hat sie? Du bist schon im Haus und wendest dich nach links. Du betrittst eine Küche. Ist es eine moderne oder eine alte Küche? Aufgeräumt oder unordentlich? Ist es eine verlassene Küche oder eine Küche, in der ständig gekocht wird? Nun schaust du dir die Vorräte an, schaust einfach in die Schränke. Was ist darin? Du öffnest den Kühlschrank und schaust nach, was dort aufbewahrt wird. Nun gehst du über eine Stiege in den Kellerraum hinunter und schaust dir dort jeden einzelnen Raum an. Was wird dort aufbewahrt, was abgestellt und was lagert dort? Du gehst langsam wieder nach oben, betrittst nun das Wohnzimmer. Beschreibe genau die Atmosphäre des Raumes. Ist er gemütlich, modern, ansprechend, licht, verdüstert, ungemütlich, abstoßend, stillos oder was sonst? Möchtest du dort wohnen? Du betrachtest die Möbel, die Bilder, die Teppiche und die Gardinen, und du achtest darauf, ob Sauberkeit und Ordnung herrschen. Nun siehst du plötzlich eine Person, die du selbst bist. Sie geht in das Schlafzimmer, und du siehst, wie sie dort alles kontrolliert. Sind zwei Betten vorhanden? Wie stehen sie zueinander? Welche Kleider hängen im Schrank? Die Person, die du selbst bist, schaut auch in die Nachtkästchen und betrachtet die Schuhe. Sind sie gepflegt, geputzt, plump, abgetragen? Du stellst plötzlich wieder fest, daß du selbst die Person bist, die da sucht, und vielleicht findest du im Nachttisch noch allerhand Utensilien. Du selbst sitzt nun im Schlafzimmer und läßt das Haus noch einmal Revue passieren.

Sind noch andere Menschen im Haus? Wer ist es, und wie schauen sie aus? Zum Schluß gehst du noch auf den Dachboden des Hauses. Da stehen Truhen, alte Kisten und Schränke. Da ist einiges aufgehoben aus der Vergangenheit, einige wichtigere Reminiszenzen deines Lebens. Du betrachtest den alten Plunder aus deiner Vergangenheit. Was hast du alles aufgehoben? Wovon konntest du dich nicht trennen? Viele Erinnerungen und Bilder tauchen in dir auf, ein ganzer Film läuft vor deinen Augen ab. Du spürst, daß du Abschied nehmen kannst von deiner Vergangenheit. Du wirfst einen letzten Blick zurück und wendest dich zum Gehen. Das ist nicht mehr deine Welt. Langsam gehst du die Bodentreppe hinunter zurück in den ersten Stock deines Hauses und von ersten Stock zurück in das Parterre deines Hauses und trittst durch den Flur aus dem Haus heraus.

Strahlendes Sonnenlicht umfängt dich draußen. Du bist wieder in der freien Natur, du spürst den Kosmos und dein Leben, wie es jetzt im Moment ist. Du spürst aber auch, wie sich die alten Erinnerungen immer wieder dazwischendrängen. Nun siehst du dich selbst auf einer alten Gartenbank vor dem Haus und träumst. Du empfindest es als begütigend und beglückend, daß du geträumt hast. Was zurückbleibt, ist dein wesenloses Ich im Schlaf. Du ruhst und du spürst, wie du langsam wieder höhersteigst und wie dein Bewußtsein plötzlich wieder den ganzen Körper ausfüllt. Du spürst, wie du wieder Vitalität in deinen Körper zurückfließen läßt, wie du wacher und wacher wirst, Muskelkraft in deine Gliedmaßen schickst, sie bewegst, dehnst und reckst und langsam wieder auftauchst in das Hier und Jetzt.

Kleines
Traum-Merkbüchlein

Was Sie vor dem Besuch eines Seminars
über Traumtherapie wissen sollten

Wann hilft die Traumtherapie?

Die Traumtherapie ist so alt wie die Menschheit
selbst. Seit Jahrtausenden beschäftigen sich die
Menschen mit ihren nächtlichen Träumen. Im antiken Griechenland erlangte die Traumtherapie
eine zentrale Bedeutung, um dann im Mittelalter,
als Hexenwahn und Teufelskult bezeichnet, einen
schrecklichen Niedergang zu erleben.

In der modernen Psychotherapie gewinnt die
Nacht- und Tagtraumtherapie als wichtige psychotherapeutische Maßnahme zunehmend wieder
an Bedeutung. Da fast neunzig Prozent aller orga-
nischen Krankheiten psychische Ursachen haben,
können die meisten körperlichen Erkrankungen
über die Traumtherapie günstig beeinflußt werden. Hervorragende Erfolge werden bei jeder Art
von Phobien erzielt sowie bei Krankheiten seelischen Ursprungs wie etwa Magengeschwüre oder
Magenschleimhautentzündungen, Bronchitis und
Asthma, Hautausschläge und Allergien, aber auch
bei zivilisationsbedingten vegetativen Dystonien.
Psychische Störungen äußern sich auch in Lei-
stungsabfall, innerer Unruhe, Kreislaufbeschwer-
den und Konzentrationsstörungen, in Hypertonie,
ertonie, Potenzverlust, Bulimie oder Magersucht.

Jeder dritte Deutsche ist laut einer internen Studie des Bundesgesundheitsministeriums psychisch krank oder war es. Partnerschaftsprobleme und Charakterneurosen sind Legion geworden. In den Sprechzimmern der Schulmediziner hat man keine Zeit mehr, nach den eigentlichen Ursachen der Krankheit, des Unheilseins zu suchen. Symptome werden verdrängt oder medikamentös zum Schweigen gebracht. Oft muß erst echter Leidensdruck entstehen, um den noch gesunden, aber schon empfindlich in seinem Gesundheits- und Leistungspotential gestörten Menschen in eine geeignete psychotherapeutische Behandlung zu treiben.

Die Traumtherapie ist aber zugleich auch eine kurzfristige Interventions- sowie Diagnose- und prophylaktische Therapie. Was heißt das? Selbst ernsthafte Krankheitsbilder sind mit wenigen therapeutischen Traumsitzungen zu heilen. Sogar bei völlig Gesunden können Wachstum und Entfaltung der Gesamtpersönlichkeit wesentlich gesteigert werden. Die Erlangung der eigenen Kraft und die Fähigkeit, entstandene Konflikte und Probleme auf konstruktive Weise aus dem inneren Selbst herauszulösen, sind der größte Gewinn einer Traumtherapie. Es bedarf nur am Anfang einer aufmerksamen, psychotherapeutischen Begleitung, später können die Probanden oder Patienten nach vorgegebenen Kriterien sehr gut selbst an sich weiterarbeiten.

Was sind gelenkte Tagträume?

Der Traum ist die Sprache des Unbewußten. Träume gleichen Bilderrätseln, die ihre Botschaften überwiegend verschlüsseln. Träume sind bildhafte Phantasien, die symbolhaft eingekleidet sind. Wir müssen »hinter die Bilder eines Traumes schauen«, um ihn zu enträtseln. Alle kausalen Gesetzmäßigkeiten der Naturwissenschaft sind für die Traumdeutung untauglich. Tagträume entstehen im Übergang zwischen Wach- und Schlafbewußtsein. Dir Traumbilder werden – mitten am Tag – intuitiv empfunden und erfahren. Es scheinen ungelöste Konflikte auf, die ins Bewußtsein dringen. Es geht um eine symbolische Verdichtung unserer Gefühlswelt, die ausgleichend und befriedend wirkt.

Träumen ist ein psychohygienischer, absolut nützlicher Vorgang, der etwa dem menschlichen Atem gleichzusetzen ist. Tagträume und die damit verbundene innerseelische Konfrontation auf der Bildebene gestatten es dem Träumer, sich selbst besser kennenzulernen. Dadurch, daß er seine inneren Bildwelten erlebt, erschließen sich ihm neue schöpferische Ausdrucksmöglichkeiten. Psychische Störungen und eingefahrene Fehlverhaltensmuster aus frühester Jugend werden aufgedeckt, bewußt gemacht und können so ausgelöscht werden. Wir lernen, uns selbst in einer inneren Bilderwelt zu erleben und die Nachtseite unseres Daseins gleichberechtigt neben der Verstandeswelt stehen zu lassen.

Der gelenkte Tagtraum ist eine Möglichkeit, sich allein oder in Begleitung des Therapeuten auf den Weg der eigenen seelischen Klärung zu machen und sich so von belastenden Symptomen zu befreien oder die kleinen Tricks aufzudecken, mit denen man sich selbst betrügt. Die Selbsttherapie, deren Ziel die Befreiung der eigenen Persönlichkeit, die Individuation, ist, kann aus der Gruppentherapie hervorgehen. Die dort geübte Arbeit mit den eigenen Träumen wird dann zu einem wichtigen Bestandteil des persönlichen Lebensweges – höchst individuell und unverwechselbar.

Erschließen sich Nachtträume in einem Traumseminar?

Nachtträume unterscheiden sich in ihrer Struktur, Symbolik und Bedeutung nur wenig von Tagträumen. Sie können nach denselben Gesetzen entschlüsselt werden, die auch für die Erkennung von Tagträumen gelten, wenngleich diese Gesetze niemals schablonenhaft angewendet werden dürfen, sondern immer entsprechend dem individuellen Traumkontext. Das kann letztlich niemand besser als der Träumer selbst.

In Traumseminaren werden neben den aktuellen Nachtträumen auch ältere Träume behandelt, die nicht selten entscheidend dazu beitragen können, ungelöste seelische Konflikte aufzudecken und richtungweisende Botschaften für die Zukunft des Träumers zu vermitteln. Die erinnerten Nachtträume erschließen wesentliche, womöglich abgekapselte oder isolierte Persönlichkeitsanteile des Träumers, die ein »Schattendasein« führen und sich über den Traum vital zu Wort melden.

Mit Hilfe eines Traumtherapeuten können wir unsere ureigenen persönlichen Symbole, die sich stets wandeln, erkennen und behandeln lernen. Im Sinne der aktiven Imagination nach C. G. Jung lassen wir so die noch unmündigen oder infantil gebliebenen Wesensmerkmale auftauchen, um sie zu erkennen, zu befreien und in unser Leben zu integrieren. Träume zeigen immer ein Stück nicht gelebten Lebens. Sie geben uns Hinweise für die Suche nach dem richtigen Partner, für unsere berufliche Entwicklung, für eine gesunde Lebensweise.

Was versteht man unter luziden Träumen?

Im luziden Traum arbeiten gleichsam zwei Bewußtseinsebenen nebeneinander. So wird dem Träumer bei vollem Bewußtsein erkennend vermittelt, daß er träumt. Er kann dann aktiv in das Traumgeschehen eingreifen und damit gleichsam »probehandeln«, ähnlich wie das Kinder tun, die in den ersten Lebensjahren spätere Handlungen spielerisch erproben.

Mit der Technik des luziden Traumes können Sie vorgedachte Problembereiche oder Konflikte bewußt ansteuern und im Traum behandeln lernen. Sie erfahren hierdurch eine enorme Sicherheit und Souveränität für Ihre aktiven Entscheidungen und Handlungen im Alltag. Sie lernen, Träume auf eine bestimmte Art zu projizieren, willentlich zu beenden oder nach einer Anfangssequenz in Fortsetzungen weiterzuträumen, um zum wirklichen Traumeklat oder Traumresumée zu kommen.

Können Träume heilen?

Träume sind das umfassendste und effizienteste Selbsttherapeutikum für Krankheiten, das es gibt. Träumen können Sie kostenlos, denn Ihr »innerer Arzt« (der beste, den es gibt) macht sich in Ihren Träumen bemerkbar und verhilft Ihnen zur Erkenntnis des richtigen Therapie- oder Behandlungsweges. Es ist keineswegs Bedingung, daß Sie Ihre Träume voll und ganz verstehen. Das Träumen selbst hat bereits einen heilsamen Effekt. Ohne Träumen würde der Mensch in kürzester Zeit debil. Über die bewußte Bearbeitung der Träume werden die Selbstheilungskräfte jedoch wesentlich verstärkt. Innerhalb einer Gruppe kann man Trauminhalte nicht nur im Dialog wiedererleben, sondern sie auch sichtbar machen, indem man sie visuell darstellt (malen, gestalten) oder gar im Psychodrama ausagiert.

Die sogenannte Organ-Orientation und Traumreisen in das Körperinnere helfen, latent schlummernde Krankheiten rechtzeitig zu erkennen. Über das katathyme Bilderleben (nach Leuner) können die Selbstheilungskräfte der Psyche mobilisiert werden.

Kann man Träume erinnern lernen?

Sie können davon ausgehen, daß jeder Mensch vier bis fünf Träume pro Nacht träumt, daß aber keineswegs jeder über die angeborene Fähigkeit verfügt, sich am nächsten Morgen an das Traumgeschehen zu erinnern. In einem Traumseminar lernen Sie verschiedene Techniken zur Traumerinnerung, die Sie schon während des Seminars befähigen, mindestens einen oder zwei Träume pro Nacht festzuhalten. Nicht selten haben Sie bei entsprechend intensiven Bemühungen bereits nach vierzehn Tagen die Fähigkeit erlangt, sich an mehrere Träume einer Nacht nicht nur bruchstückhaft, sondern umfassend zu erinnern.

Wie können Sie von einer Traumtherapie profitieren?

Über die Beschäftigung mit Ihren Träumen werden Sie schon nach kurzer Zeit eine Fülle neuer Wesenseigenschaften an sich wahrnehmen können. Sie sensibilisieren aber nicht nur Ihren Blick für sich selbst, sondern können auch andere besser sehen und beurteilen. Das erleichtert Ihren Umgang mit anderen Menschen ganz wesentlich – nicht zuletzt im beruflichen Alltag.

Dadurch, daß Ihre beiden Bewußtseinsebenen – Wachbewußtsein und Unterbewußtsein – miteinander in Verbindung stehen, werden Sie als Persönlichkeit ganzer und »runder«. Sie können Ihre Gedanken besser ordnen und strukturieren. Sie wissen mit Ihren Gefühlen besser umzugehen. Sie lernen, Probleme schneller zu erkennen und intuitiv besser zu lösen. Sie orten sich realistischer in der Sie umgebenden Natur und betrachten Ihre Lebensumstände objektiver. Sie lernen Ihre unentdeckten Talente und Begabungen kennen, die Sie später für Ihre persönliche Weiterentwicklung nutzen können. So vollzieht sich ein umfassender Prozeß der Selbstentfaltung, der Sie innerlich reicher und glücklicher macht.

Die intensive Beschäftigung mit den eigenen Träumen führt auch zu einer Änderung des Lebensrhythmus, zu einer ausgewogenen Verteilung von Arbeits- und Freizeit. Ihre Konzentration verbessert sich, und das Erinnerungsvermögen steigt beachtlich. Sie werden offener, freier und lebendiger.

Epilog

Bei den folgenden Themen handelt es sich um Vor-
träge, die ich in verschiedenen Traumseminaren
gehalten habe. Sie haben einen esoterischen Hintergrund und erschließen sich voll und ganz dem
Leser, der bereit ist, einen Blick hinter die Dinge zu
tun, erahnte Hintergründe und innere Gewiß-
heiten lebendig werden zu lassen und an den
Grundfesten einer rationalen Lebenshaltung zu
rütteln. Nachdenklichkeit ist bei der Lektüre der
folgenden Aufsätze ebenso erwünscht wie Auflehe-
nung, die immer dann vehement in Erscheinung
tritt, wenn wir die volle Verantwortung für unser
Tun und Lassen, für unser Schicksal, übernehmen
sollen.

Unser Ich hat einen klugen Doppelgänger

»Wer im Dunkeln sitzt, zündet sich gern einen Traum an«, sagt ein arabisches Sprichwort. In jedem von uns wohnt noch ein anderer, den wir nicht kennen. Dieser andere in uns spricht im Traum. Er will uns zeigen, was uns fehlt, wovon wir zuviel oder zuwenig haben. Er versucht auszugleichen, uns in Balance zu bringen. Er ist unser kluger Doppelgänger!

Dieser »andere« ist unser wahres Selbst. Es möchte die Homöostase, das innere Gleichgewicht, den Seelenfrieden, der aus einer harmonischen inneren Schwingung heraus entsteht. Wir schwingen dann harmonisch, wenn wir uns »gehen lassen«, wenn wir absichtslos sind, wenn wir uns still und ruhig besinnen. Dann sind wir offen für die Botschaft Gottes an uns, für unseren speziellen Lebensauftrag.

Wenn wir nicht glücklich und froh schwingen, stören wir das Universum. Das ist die größte Verfehlung unseres kranken Egos. Das Universum verwöhnt uns, schickt uns Energie und Kraft. Wir müssen diese Kraft lediglich aufnehmen und in uns richtig polen, um uns auf diese Weise entsprechend aufzuladen. Denn wenn wir selbst nicht in Harmonie sind, dann können wir auch nichts Positives an andere Menschen oder an unsere Umgebung abgeben. Dann erfüllen wir einfach nicht unsere Aufgabe, sondern stören das Universum, indem wir traurig in einer Ecke sitzen. Wir müssen zwar das Leid kennenlernen, danach aber seinen Gegenpol anstreben, um in der Freude zu leben. Dabei hilft uns der Traum.

Wenn es uns wirklich einmal schlecht geht, wenn wir sozusagen im Dunkeln sitzen, dann können wir uns einen Traum anzünden, einen schönen Traum, in den wir alle unsere Wünsche packen und der uns wieder in die Balance bringt und tröstet. Es ist durchaus legitim, das zu tun. Wenn wir spüren, daß wir innerlich nicht richtig schwingen und in Disharmonie sind, dann sollten wir das nicht nach außen hin zu vertuschen versuchen, sondern es einfach zugeben, ertragen, begreifen und auch äußern. Aber gerade das fällt uns unwahrscheinlich schwer. Wir glauben, daß wir verletzbar werden, wenn wir unsere Gefühle äußern. Besonders Männer, die im Berufsleben stehen, haben eine Tendenz, Gefühle zu verstecken. Dabei verkümmert ihre Fähigkeit, Gefühle zu äußern, allmählich ganz. Sie halten es für unter ihrer Würde, Gefühle zu zeigen oder gar über sie zu sprechen. Genau das aber führt in die seelische Deformation und macht die Menschen unfrei, macht sie zum Sklaven ihrer eigenen rohen Äußerlichkeit.

Der Traum ist in der Lage, uns aus diesem Dilemma zu befreien, indem er kompensiert und uns das gibt, was uns das Leben womöglich an Schönem und Heiterem versagt hat. Er liefert es uns auf Bestellung frei Haus in gewünschter Üppigkeit, in all der reichen, überquellenden Fülle des Universums. Wir haben ein Anrecht darauf.

An trüben Tagen, wenn ich mich traurig und niedergeschlagen fühle, mache ich mich über einen kurzen Tagtraum wieder glücklich. Das ist sehr wichtig, denn wenn wir nach außen immer nur inneren Unfrieden, Gespaltenheit und Mißmutigkeit abstrahlen, meiden uns die Menschen. So entsteht Einsamkeit in ihrer höchsten Potenz, völlige Isolation. In dem Maß jedoch, in dem wir Freude ausstrahlen, bekommen wir sie auch zurück.

Wir können unseren seelischen Zustand steuern. Ein Mittel, mit dem dies ganz ohne unser Zutun gelingen kann, ist der Traum. Nicht umsonst spricht man in diesem Zusammenhang auch von Selbstprogrammierung. Das bedeutet, daß wir das Programm, das in uns abläuft, selbst bestimmen können. Wir bestimmen die Information, das Bild unserer Wahrnehmung, das in uns wirkt und uns vitalisiert oder schwächt. Beispielsweise können wir das Gefühl von Frische in uns entstehen lassen, indem wir uns einen Gebirgsbach vorstellen. Wir spüren die Wassertropfen auf unserer Haut, riechen das frische Gras am Ufer und sehen den blühenden Fliederbusch. So können wir innerhalb von kürzester Zeit unser gesamtes Körpersystem von schlechtgelaunt auf freudig umpolen, wenn wir nur wollen. Wenn wir die Technik der Selbstprogrammierung beherrschen, die es uns erlaubt, uns von schlechten Gefühlen oder unzuträglichen Bildern einfach zu distanzieren und uns anders zu polen, dann sind wir Meister unseres Ich. Denn wie wir fühlen, so denken wir, und wie wir denken, so handeln wir, und wie wir handeln, so gestaltet sich unser Leben.

Wir haben eine Tendenz, ständig andere für unser klägliches Schicksal verantwortlich zu machen:

»Irgend jemand hat mich geärgert, beleidigt, ist mir zuvorgekommen. Ständig nehmen mir andere die Butter vom Brot, und ich stehe im Hintergrund und komme nicht zu Wort.« Was für ein Programm, das uns die Ursachen für alles, was uns widerfährt, ständig außen suchen läßt! Legen wir doch einfach eine neue Diskette ein. Wie polen wir uns um von traurig auf freudig? Indem wir zunächst ganz bewußt durch unsere Trauer hindurchgehen. Es hat keinen Sinn, sie einfach verdrängen zu wollen, zu leugnen, daß sie überhaupt da ist. Verstandesmäßige Einsicht hilft hier wenig. Wir müssen die Trauer auskosten, uns leerweinen, bis wir wieder lachen können.

Fragen Sie sich in solchen Momenten der Trauer aber auf jeden Fall, um was Sie eigentlich trauern, woran sich Ihr Ego gehängt hat. Was hat Sie gekitzelt und verdreht, wo ist etwas eingerastet? Welche Ihrer Eitelkeiten wurde verletzt, welches Geltungsbedürfnis konnten Sie nicht ausleben, welche Sehnsucht hat sich nicht erfüllt? Bevor es Ihnen nicht gelingt, eine Schneise in dieses Gefühlsdickicht zu schlagen und Einsicht zu gewinnen, kann keine Umpolung stattfinden. Positives Denken kann hier zur Falle werden. Sie können nämlich nur dann wirklich positiv denken, wenn Sie Ihre negativen Gedanken in vollem Umfang erkannt, erlebt, durchlitten und angenommen haben. Andernfalls verdrängen Sie die Schattenanteile Ihrer Persönlichkeit, die sich aber nicht so leicht verdrängen lassen. Sie erscheinen immer und immer wieder im Traum und stellen sich vor Ihre inneren Augen. Erst wenn Sie diese fürchterlichen Bilder, diese schrecklichen Visionen erkannt und angenommen haben, kann sich etwas ändern.

Victor Hugo hat einmal gesagt, daß ein Mensch, der nicht mehrmals am Tag mit dem ganzen Ausmaß seines Sündenregisters konfrontiert wird, zum »dumpfen Sack« wird. Genau so ist es! Wir müssen uns jeden Tag bewußt mit all unseren Schwächen auseinandersetzen in dem Bestreben, etwas daran ändern zu wollen. Wo viel Licht ist, ist viel Schatten. Und wo viel Schatten ist, ist natürlich auch viel verborgenes Licht. Wann immer ich in einem Menschen die Schatten erkenne, freue ich mich auf die Möglichkeit, sie zu durchlichten und sie sich eines Tages in Helligkeit auflösen zu sehen. Der Traum kann bei der Erkennung des Schattens eine große Hilfe sein und schließlich entscheidend für die Wiederherstellung unseres Seelenfriedens. Er führt uns mitten durch das Labyrinth unserer Gefühle.

Unser anderes Ich, das im Traum zu uns spricht, ist unser *Master of Ceremony,* so etwas wie ein mittelalterlicher Hofnarr, der dafür sorgt, daß zum richtigen Zeitpunkt der richtige Satz in der richtigen Maske gesprochen wird. Dabei bedient sich der Traum der vielfältigsten Verkleidungen. Einmal tritt er auf wie der Kaiser von China höchstpersönlich, ein anderes Mal als kleine Maus, die durch ein Loch saust, um der Katze unseres Egos zu entwischen. Der Traum hat tausend Möglichkeiten, um uns aufzuklären. Wir müssen lediglich Augen und Ohren offenhalten für das, was in uns passiert. Und da passiert es – jeden Tag, in jeder Stunde, jeder Minute, jeder Sekunde, unendlich reich, unendlich schön, unendlich vielfältig.

Es gibt so etwas wie den Geruch der Angst. Ein Tier erkennt über die Witterung sofort jene psychische Ausstrahlung, wenn sich ein Mensch vor ihm fürchtet oder gar aggressive Anwandlungen hat. Das Tier nimmt es auf und richtet sein Verhalten danach aus.

Ein Geologe erzählte mir einmal, daß er eines Tages am Rande des Urwaldes in Malaysia saß. Er war gerade mit einem Entwurf einer technischen Zeichnung beschäftigt, als er zu seinen Füßen eine Klapperschlange sah. Er rührte sich nicht, ließ nur den Bleistift sinken und schaute die Schlange freundlich lächelnd an. Er schickte ihr Liebe. Die Schlange blieb ebenso ruhig vor ihm liegen und tat nichts.

Wir können dieses scheinbar unverständliche Phänomen immer wieder selbst erleben, wenn wir auf eine Sache zugehen, die uns unheimlich ist. Genauso ist es auch mit dem Alptraum. Wenn wir uns ihm stellen, wenn wir uns vor den Fratzen, den Nachtmahren nicht mehr fürchten, uns den bedrängenden Gestalten liebevoll nähern, sie als Bestandteil, als Widerspiegelung unseres eigenen Innern betrachten und geduldig anschauen und annehmen, dann verändern sie womöglich ihre Gesichtszüge. Potenzierte Häßlichkeit wandelt sich in liebevolle Schönheit. Wilde Tiere, die im Traum auf uns zuspringen, werden so zu schnurrenden Kätzchen. Sie werden kleiner, sie mutieren. Sie verwandeln sich in andere Tiere, die sich plötzlich liebevoll an uns kuscheln.

Wenn wir über einen anderen Menschen schlechte Impulse bekommen, wenn wir Ärger haben, Haß, Zorn oder Auflehnung empfinden, dann ist all das mitten in uns. Die einzige Möglichkeit, in der wir darauf reagieren können, besteht darin, daß wir einen Moment in uns gehen und uns sagen: »Das bin in Wirklichkeit ich. Das ist nicht der andere. Meine eigenen empfindlichen Stellen werden über den anderen gespiegelt.« Das verdeutlicht mir, was latent in mir selbst schlummert. Dies ist unsere einzige Möglichkeit, etwas über uns selbst zu lernen.

Strahle ich Freundschaft und Liebe aus, dann werden sich Bande der Zuneigung knüpfen, dann wird Freundliches auf mich zukommen. Wenn ich meine inneren Widerstände und Spannungen nicht ausgelebt habe, werden sie immer wieder von außen, über andere Menschen an mich herangetragen. Ich werde immer und immer wieder damit konfrontiert. Das geschieht nicht immer spiegelgleich, aber zumindest hat die psychische Resonanz eine qualitativ ebenbürtige Form. Deshalb ist auch alles Jammern und Wehklagen umsonst. Jeder bekommt, was ihm zusteht. Das Leid, das ich andern zugefügt habe, schlägt mich selbst.

Es hat keinen Zweck, Widerstand zu leisten. Viel sinnvoller ist es, zu akzeptieren, was geschieht, und zu hinterfragen. Was hat mich gehindert? Was hat mich geschützt? Warum habe ich Angst und bin noch nicht reif genug, nicht wirklich handlungsbereit, um dieses Abenteuer bestehen zu können? Der Mensch sieht sich immer nur vor jeweils die Herausforderung gestellt, die zu bestehen er imstande ist. Niemand wird überfordert; wir überfordern uns lediglich manchmal selbst.

Unter dem zentrierten Einsatz zu großer Kräfte und Energien kann allerdings schon einmal die Sicherung bei uns durchbrennen: Wir werden ohnmächtig, ruhiggestellt. Das geht bis zur Katalepsie und Ohnmacht, womöglich bis zum Koma. Das sind subtile Formen einer höheren Rezeptur, um Ärgeres zu verhüten.

Viele Menschen stolpern, brechen sich ein Bein oder schlagen sich ein Loch in den Kopf. Das sind alles Formen der Selbstverletzung, die zur Ruhe und zum Nachdenken zwingen. Was sich auf diese Weise zum Ausdruck bringt, will beachtet werden. Jede »verordnete« Ruhepause gibt dem gehetzten Menschen die Chance, sich wieder auf sein wirkliches Sein zu besinnen. Gerade in solchen Ruhezeiten schäumen unsere Träume besonders lebendig auf. Wir wissen, daß wir jetzt zuhören und empfangsbereit sind. Der glückliche oder rettende Einfall kommt nicht selten über den Traum. Dann spricht der andere in uns, der sonst immer lauthals übertönt und großspurig niedergeschrien wird. Er schafft es mit Sicherheit, uns wieder in die Balance zu bringen.

Träume, die großen
»Gesundmacher« der Antike

»Du vernimmst aber auch, daß Hera-
kles und die Dioskuren und alle andern,
welche von Göttern gezeugt wurden,
durch Mühsale und selbstbeherrschtes
Ertragen von Leiden den glückbringenden Weg der Götter zu Ende gingen,
denn der Aufstieg zu Gott gelingt nicht
den Menschen, die in Annehmlichkeit
gelebt haben, sondern denen, die gelernt
haben, in den schwersten Zufällen des
Lebens mutig auszuharren.«
Porphyrius: *Epistula ad Marcellam* 7

Warum gelingt es uns heute nicht mehr, den
»glückbringenden Weg der Götter« zu gehen? Ist
die Abkehr vom Glauben der eigentliche Grund
für Krankheit und den schleichenden Verfall der
Menschheit? Warum machen hochentwickelte
Apparatemedizin, Computerdiagnostik und
supermoderne Therapieformen den Menschen
immer noch kränker und verursachen darüber
hinaus schier unerträgliche finanzielle Belastungen
für die Allgemeinheit? Warum wird die Naturheil-
kunde, die von der Eigenverantwortlichkeit für
das Heilsein ausgeht, nicht ernstgenommen, sondern gar verleugnet oder bekämpft?

Werfen wir einen Blick zurück in die antiken Heilgärten des Äskulap, dann finden wir die Antworten auf all diese provokativen Fragen. Würden wir schlafen, inkubieren, dann wären wir gesund. Nur haben wir verschlafen! Wir geben unserem (angeblichen) Wachbewußtsein mit seinem Verstandesdenken den absoluten Vorrang und verleugnen damit die numinose, schöpferische Nachtseite unseres Unbewußten. Ist das nicht bereits der Hauptgrund für die schleichende Erkrankung: Wir wollen die Komplexität unserer Gesamtnatur nicht mehr wahrhaben, sondern denken und handeln, indem wir unsere Verstandeskraft manipulierend zur Egobefriedigung einsetzen?

Schon der Begriff Trauminkubation wird heute oft mißverstanden. *Incubare* wird von Herzog mit »im Heilraum schlafen« übersetzt. Der Heilraum war und ist der Tempel, genauer das Abaton oder Adyton, ein »nicht von Unberufenen zu betretender Raum«. Hier wird bereits deutlich, daß die Traumheilung der Antike Auserwählten oder Berufenen vorbehalten war, die aufgrund ihres ethisch-religiösen Bewußtseins die inneren Voraussetzungen für eine Heilung mitbrachten.

In Thitorea, so berichtet Pausanias, dem wir die besten und genauesten Schilderungen der alten Heilkulte verdanken, durften nur die »Patienten« im Isis-Heiligtum erscheinen, die von der Göttin im Traum eingeladen worden waren. Heilung war demnach ein exklusives Privileg, das man sich durch Vorleistungen verdienen mußte. Darin liegt das Geheimnis der hohen Heilquote. Denn was nützt die beste Behandlung von außen, wenn der Kranke seine inneren Selbstheilungskräfte ignoriert oder nicht einzusetzen weiß? Dann wird äußerlich das Symptom kuriert mit dem Ergebnis, daß der innerlich weiterhin kranke Mensch von einer noch schlimmeren Krankheit befallen wird.

Heilung bedeutete in der Antike nichts anderes als Verschmelzung mit dem göttlichen Prinzip. Diese epiphanische Läuterung wird dem Kranken zuteil, der sich demütig dem göttlichen Ratschluß fügt und seine Krankheit als willkommene Lehre auffaßt, nicht als eine lästige Funktionsstörung seiner »Biomaschine«. Kieser sagt dazu: »Wo also das innere Gefühl der Krankheit personifiziert wird und sich durch Symbole ausspricht, kann die Heilung eintreten!«

Für die Heilung mußten Voropfer gebracht werden. Dazu gehörten Augurien und Haruspizien (Vogelschau und Wahrsagung aus den Eingeweiden – das besorgen heute die Röntgenologen.) Hatte der Kranke nach der ersten Nacht im Abaton im Traum keinen Hinweis für die richtige Therapie seiner Krankheit erhalten, so war *kairos onyx,* der gottbegnadete richtige Augenblick für seine Heilung noch nicht gekommen. Konzentrieren wir uns auf diesen Moment der Heilung. Modern ausgedrückt würde man sagen, daß der Patient erst einen bestimmten Leidensdruck erfahren muß, bevor ihn die eigene Einsicht zur Umkehr zwingt. Solange diese Einsicht fehlt, ist der Boden für die Heilung noch nicht bereitet.

Tod und Geburt ist ein Umwandlungsprinzip, das bei Trophonius beschrieben wird. Der Myste mußte symbolisch sterben, um dann, wie ein Kind gewickelt und jeden weltlichen Schmuckes beraubt, in eine Uterus-Höhle eingezwängt zu werden, aus der er sich kopfüber wieder herauswinden mußte.

Die Asklepiaden Machaon und Podaleirios versuchten vergeblich, den von Achill am Schenkel verwundeten Telephos zu behandeln. Da schickte Apollo folgenden Orakelspruch: »Das Heilmittel ist der abgeschabte Rost von der Lanzenspitze des Cheiron, mit der Achill Telephos verwundet hat.« Man muß sich an seine Feinde wenden, wenn man Heilung finden will. *Ho trosas iasetai* – »Der verwundet hat, heilt auch«, ist die Botschaft des Apollo-Orakels.

Vergegenwärtigen wir uns zum Schluß noch einmal, daß der Traum, die Nachtseite unseres Lebens, ganz entscheidend für unsere Heilwerdung ist. Der Volksmund spricht von »gesundschlafen«. Eigentlich müßte es »gesundträumen« heißen. Der Patient erlebt sich nicht als Gottes Untertan, sondern als sein eigener Heilgott. Die zentrale Therapie besteht in der *intercessio divina,* dem Auftreten eines personifizierten, göttlichen Prinzips, das der Patient als mit sich identisch erlebt. Das ist *religio*, die Rückkehr zum Glauben, ohne die Heilung auf Dauer unmöglich ist. Heilung findet in der Seele statt. Traumbestimmt kennt die menschliche Psyche alle Wege zur eigenen Lösung. Sie sind jedem Individuum immanent und müssen nur gegangen werden.

Unsicher ist allein die Sicherheit

Wie der luzide Traum
die Abgründe unserer Seele beleuchtet

Sicherheit ist ein statischer Zustand: Weil das Leben selbst ein dynamischer Weg ist, ständige Bewegung, laufende Veränderung, ist Sicherheit im Leben absolut unsicher. Der Traum sorgt dafür, daß die Kartenhäuser, die wir uns aufgebaut haben, ständig wieder zusammenstürzen. Wann immer wir glauben, nun seien wir sicher, kommt der Traum mit seinen Erschütterungen und wirbelt alles wieder durcheinander. Er macht uns deutlich, daß unser Leben aus zwei Polen besteht: Sicherheit und Unsicherheit. Die Unsicherheit ist wichtig, weil nur aus ihr wieder Sicherheit entstehen kann. Dieses Wechselspiel der beiden Pole erzeugt vitale Lebensspannung.

Träume sind archetypisch. Sie gelten, von einigen kulturellen Besonderheiten abgesehen, für alle Menschen auf diesem Planeten. Mit Hilfe der archetypischen Symbolik können wir den Traum eines Chinesen verstehen, ohne seine Sprache zu sprechen. Dasselbe gilt für den Traum eines Feuerländers oder eines Eskimos. Der Traum ist eine alles verbindende Sprachform. Das, was alle Menschen zutiefst verbindet, hat C. G. Jung als das kollektive Unbewußte bezeichnet. Jeder von uns lebt einen Teil dieses kollektiven Unbewußten. Demnach ist jeder von uns mit jedem anderen Menschen auf dieser Erde zutiefst geistig verbunden. Es gibt keine Fremdheit. In jedem dieser 5,3 Milliarden Erdenbewohner lebt ein Stück unserer eigenen Geistigkeit! Mit jedem Menschen – und sei er auch noch so fremd und feindlich – gibt es ein Stück Gemeinsamkeit, das zu suchen und zu finden ist. Wer es nicht findet, hat vielleicht nicht lange genug gesucht oder ist nicht bewußt genug. Die meisten Erlebnisse kommen aus diesem kollektiven Unbewußten, das der Mensch immer wieder über sich und seine Lebensformen in die Welt hinausträgt. Wenn wir genau wahrnehmen, genau aufnehmen und genau hinfühlen, was ein Mensch abstrahlt, dann sehen wir, was er mit uns gemeinsam hat.

Der luzide Traum führt uns in ein Stadium, in dem wir auf mehreren Bewußtseinsebenen gleichzeitig arbeiten, wo wir nichts mehr verdrängen und letztlich in die Reflexlosigkeit kommen, in die völlige Autonomie unseres Seins. Das ist der von uns allen angestrebte Zustand der totalen Gesundheit, der körperlichen und seelischen Gesundheit. Es ist das ewig Seiende, das sich selbst genügt, das nichts anderes mehr braucht.

Der Weg zur eigenen Erlösung führt mitten durch die Hölle, beispielsweise im Alptraum, mit dem wir im luziden Traum aktiv arbeiten können. Wir selbst schaffen unsere Wirklichkeit, jeder einzelne. Wir brauchen nichts von außen. Alle Chancen, alle Möglichkeiten liegen in uns selbst. So gesehen ist auch die Suche nach einem Meister, der einen ständig begleitet, recht fragwürdig. Es kann immer nur eine vorübergehende Begleitung geben, eine geistige Resonanz, zu der wir eine Zeitlang in Beziehung stehen. Ein wahrer Meister läßt uns so schnell wie möglich wieder los, oder er läßt uns direkt durch die Hölle gehen, ohne uns die Hand zu reichen.

So, wie man seine Tagwirklichkeit beeinflussen kann, kann man natürlich auch seine Träume beeinflussen. Dabei stellt sich die ethische Frage, ob wir Gott nicht ins Handwerk pfuschen, wenn wir seine Sprache verändern. In der Beantwortung dieser Frage unterscheide ich mich von vielen meiner Kollegen: Wenn die Höllenhunde im Alptraum hinter uns her sind, haben wir im luziden Traum über das Nebeneinander mehrerer Bewußtseinsschichten die Möglichkeit, uns mit diesen Schatten auseinanderzusetzen – unter göttlicher Aufsicht. In dem Moment wird es kritisch. Wer mit dem luziden Träumen beginnt, sollte schon eine gewisse geistige Entwicklung hinter sich haben. Sein Unterscheidungsvermögen sollte soweit ausgeprägt sein, daß er sich auf diesem schmalen Pfad sicher bewegen kann. Wir können die Ausrichtung, die Schwingung in unseren luziden Träumen selbst bestimmen lernen. Wir können niedere Schwingung in die höhere Schwingung der Liebe verwandeln.

Die Entwicklung kann aber ebensogut umgekehrt verlaufen: Wir können die Techniken des luziden Traumes mißbrauchen, um andere Menschen zu schädigen und zu verführen. Dann sind wir im Grenzbereich der Schwarzen Magie.

Der luzide Traum gibt uns die Chance zur Erlichtung, zur Selbsterkenntnis, indem er uns in den tiefsten Abgrund unserer eigenen Seele schauen läßt. Über Alpträume kommen wir in die Gleichzeitigkeit des Wachbewußtseins mit dem Traumbewußtsein, in die Integration von Licht und Dunkel. Indem wir unsere Schatten erkennen, um sie nicht mehr zu bekämpfen, sondern bereitwillig zu integrieren, befreien wir uns selbst und werden ganz.

Die fünf kosmischen Gesetze

Grundprinzipien unseres Daseins im Spiegel des Traums

Die fünf kosmischen Gesetze bilden die Grundlage aller religiösen Lehren.

Reinkarnation

Jeder Mensch hat während eines Lebens ganz bestimmte Lektionen zu lernen und bestimmte Fähigkeiten zu entwickeln. Dem übergeordnet gibt es einen individuellen Lehrplan, der nur in mehreren Stufen zu bewältigen ist, die den verschiedenen Leben eines Menschen entsprechen. Ist das Pensum einer Stufe bewältigt, dann stirbt der Mensch, das heißt, er begibt sich in das Land des Lichts, das Zwischenreich, um dort auszuruhen, zu reflektieren, was er gelernt hat, Bilanz zu ziehen. Diese Reflexion findet bereits in den letzten Sekunden unseres irdischen Lebens statt, in denen das gesamte Lebe noch einmal wie ein Film abgespult wird. Diese Bilanz nehmen wir mit ins Zwischenreich, wo wir uns auf das nächste Erdenleben vorbereiten. In dieser Zwischenphase suchen wir uns unsere nächsten Eltern aus und stehen dann für einen neuen irdischen Lehrgang zur Verfügung.

Ohne das Gesetz der Reinkarnation wäre das Leben reichlich sinnlos. Die Vorstellung, nur für dieses eine Leben auf den Planeten gekommen zu

sein, fördert eher Rücksichtslosigkeit und Egoismus, denn schließlich muß man dann ja alles jetzt
sofort erreichen.

Karma

Wir ernten die Früchte unserer Taten, auch wenn
es manchmal lange dauert. Auch im Neuen Testa-
ment ist die Rede davon, daß der Mensch ernten
wird, was er gesät hat. Unser Leben ist angefüllt
von Begegnungen mit Menschen, mit denen wir
bereits in früheren Leben zu tun hatten, Menschen,
die wir wiedertreffen, weil wir an ihnen frühere
Schulden begleichen oder Unerledigtes erledigen
müssen. Wem habe ich früher nicht geholfen?
Wem habe ich nicht beigestanden? Wem habe ich
keine Liebe geschenkt? Mit all diesen Menschen
treffe ich immer wieder zusammen. Wir inkarnie-
ren uns immer wieder zusammen mit Menschen,
die wir in einem früheren Leben verletzt haben,
mit denen wir noch etwas aufzuarbeiten haben. Ich
möchte nicht von Schuld sprechen, denn Schuld
gibt es nicht. Es gibt immer nur Aufgaben, an
denen wir lernen können, deren Bewältigung uns
zur Vollkommenheit führt.

Ist das Gesetz des Karma unumstößlich? Wie
können wir es auflösen, wie uns davon befreien?
Karma wird aufgelöst über seine Annahme, über
das Loslassen und Verstehen. Auch über bewußtes
Tun, wie es in der Traumarbeit geschieht, kann
Karma aufgelöst werden, vor allem aber über die
Ausrichtung auf Gott. Überdies gibt es noch einen
höheren Faktor, der nicht mehr über die kausale
Logik zu erklären ist: die Gnade Gottes, die Leid in
schöpferische Kraft und kreatives Bewußtsein verwandelt. Es ist sehr tröstlich zu wissen, daß wir

nicht alles allein in der Hand haben, sondern daß es noch eine Kraft im Universum gibt, die wesentlich stärker ist als wir.

Chancenpotential

Das dritte Gesetz, das Anlaß zum Optimismus gibt, ist das Gesetz der erneuten Chancen: Wir bekommen mit jedem Leben, mit jeder Rückkehr in dieses Dasein ein neues Potential an Chancen, die wir im Sinne unseres großen Schicksals nutzen und über die wir frei entscheiden können. Wir dürfen neue Erkenntnisse gewinnen, neue Erfahrungen sammeln. Wir bekommen einen Handlungsspielraum, in dem unser freier Wille wirken kann. Nutzen wir diese Kräfte jedoch vordergründig nur für unser materielles Fortkommen, so sammeln wir neues Karma an, das wir später wieder abtragen müssen. In diesem Zusammenhang taucht die Frage nach dem Sinn des Lebens auf. Die Antwort darauf ist ganz einfach: Versucht, anderen Menschen mehr Freude und Inspiration zu geben, dann habt ihr den Sinn des Lebens erfaßt. Wer andern gibt, bekommt hundert- und tausendfältig zurück, was er gegeben hat.

Polarität

Das Gesetz der Polarität wird uns über die Wechselwirkungen in der Natur ständig vor Augen geführt. Wir kennen Kälte und Wärme, Sommer und Winter, männlich und weiblich, Zusammenziehung und Ausdehnung, Anspannung und Entspannung... Polarität bedeutet Dynamik und damit Leben. Ziel des Lebens ist Ausgleich, Harmonie, Einssein mit der schöpferischen Kraft. Jeder Mensch hat ein Recht auf Glück, auf Zufriedenheit, auf Harmonie, die er in sich selbst finden kann. Unser Körper hat die Fähigkeit, sein inneres Gleichgewicht aufrechtzuerhalten, alle in ihm wirkenden Kräfte auszugleichen.

Entsprechung

Der Mensch ist ein Mikrokosmos, ein Abbild des großen Kosmos, ein Abbild Gottes. Wir alle sind göttlichen Ursprungs. Jeder einzelne trägt einen göttlichen Funken in sich. Jeder von uns ist das Werk eines Logos, eines Willens, eines göttlichen Impulses. Kleine Kinder tragen diese schöpferischen Kräfte Gottes noch voll in sich und leben sie.

Die Entsprechung Makrokosmos – Mikrokosmos wird deutlich in der Veräußerlichung: Alles, was um uns herum geschieht, prägt sich in uns ein. So ist beispielsweise das Gesicht oder der Körper eines Menschen mit seinen Bewegungen die Summe aller Kräfte, die im Laufe eines Lebens auf ihn eingewirkt haben. Wenn wir gelernt haben, einen Menschen genau anzuschauen, ihn mit dem inneren Auge zu sehen, dann liegt innerhalb von wenigen Minuten sein ganzer Lebensplan ausgebreitet vor uns. Der Lebensplan eines Menschen ist eingearbeitet im Ohr, in der Schrift, in der Körpersprache, in den Augen und in jedem Quadratzentimeter Haut.

Der Traum ist eine der wichtigsten Brücken zwischen Makrokosmos und Mikrokosmos, die mystische Verbindung zwischen Schöpferkraft und gegenwärtigem Seinszustand. Es gibt tausende Möglichkeiten, das Gesetz der Entsprechung in der Natur zu entdecken. Goethe sagte, das Sichtbare sei nur ein Gleichnis für das Unsichtbare, und im Unsichtbaren sei das Sichtbare verborgen.

Dies sind die fünf kosmischen Gesetze, deren Befolgung uns oft große Mühe macht. Der Traum ist Sprachrohr all dieser Gesetze. Über den Traum können wir mit ihnen in Kontakt kommen. Der Traum sorgt dafür, daß wir sie ständig vor unserem inneren Auge haben.

Bibliographie

Aeppli, Ernst: *Der Traum und seine Deutung*. Knaur TB Esoterik, 1984

Battegay, R./Trenkel, A. (Hrsg.): *Der Traum aus der Sicht verschiedener psychotherapeutischer Schulen*. Hans Huber, 1987

Bauer, W./Dümotz, I./Golowin, S.: *Lexikon der Symbole*. Fourier, 1985 7

Boss, Medard: *Es träumte mir vergangene Nacht...* Hans Huber, 1975

Boss, Medard: *Der Traum und seine Auslegung*. Kindler, 1974

Coxhead, D./Hiller, S.: *Träume*. Umschau, 1976

Davis, R. E.: *Schöpferische Imagination*. CSA Rosemarie Schneider, 1978

Dieckmann, Hans: *Träume als Sprache der Seele*. Bonz, 1987

Dieckmann, Hans: *Umgang mit Träumen*. Kreuz, 1978

Donahoe, James J.: *Die Kunst des Träumens*. Goldmann Esoterik, 1984

Doucet, F. W.: *So deuten Sie Ihre Träume richtig*. Kremayr & Scheriau, 1978

Doucet, F. W.: *Traum und Traumdeutung*. Heyne, 1973

Faraday, Ann: *Die positive Kraft der Träume*. Ullstein, 1972

Faraday, Ann: *Deine Träume – Schlüssel zur Selbsterkenntnis*. Fischer TB, 1980

Feyler, Günther: *Träume – Suchbilder der Seele*. Hermann Bauer, 1987

Franz, M.-L. von: *Träume*. Daimon, 1985

Franz, M.-L. von: *Traum und Tod*. Kösel, 1984

Freud, Sigmund: *Die Traumdeutung*. Fischer TB, 1979

Freud, Sigmund: *Über Träume und Traumdeutungen*. Fischer, 1971

Fromm, Erich: *Märchen, Mythen, Träume*. DVA, 1980

Garfield, Patricia: *Kreatives Träumen*. Ansata, 1983

Garfield, Patricia: *Frauen träumen anders.* Scherz, 1989
Haddenbach, Georg: *So deutet man Träume.* Falken, 1978
Hark, Helmut: *Der Traum als Gottes vergessene Sprache.* Walter, 1985
Harnisch, Günter: *Meditieren mit Phantasie.* Herder, 1987
Hell, Renee: *Traumdeutung in der Ehepaartherapie.* Kindler, 1976
Herder Lexikon: *Symbole.* Herder, 1978
Holland, Susa: *Ehekrise und Traumsignale.* Bonz, 1971
Holroyd, Stuart: *Traumwelten.* Ullstein, 1979
Jovanovic, U. J.: *Schlaf und Träume.* Gustav Fischer, 1974
Jung, C. G.: *Der Mensch und seine Symbole.* Walter, 1987
Kassel, Maria: *Biblische Urbilder. Tiefenpsychologische Auslegung nach C. G. Jung.* Pfeiffer, 1982
Kemper, Werner W.: *Der Traum und seine Be-deutung.* Kindler, 1977
Kurth, Hannes: *Lexikon der Traumsymbole.* Goldmann TB, 1988
Kurth, Hannes: *So deute ich meine Träume.* Goldmann, 1978
Laberge, Stephan: *Hellwach im Traum.* Horizonte, 1987
MacKenzie, Norman: *Träume.* Emil Vollmer, 1978
Masterton, Graham: *Erotische Traumphantasien – Geheime Wünsche im Traum offenbart.* Heyne, 1980
Meier, C. A.: *Die Bedeutung des Traumes.* Walter, 1975
Melzer, Donald: *Traumleben.* Internationale Psychoanalyse, 1988
Murphy, Joseph: *ASW-Ihre außersinnliche Kraft.* Peter Erd, 1978
Mylius, Christine: *Traumjournal – Experiment mit der Zukunft.* Fischer TB, 1976
Perls, F. S./Hefferline, R. F./Goodman, P.: *Gestalt-Therapie, Lebensfreude und Persönlichkeitsentfaltung.* Klett-Cotta, 1979
Sahini, Armnan: *Altpersische Traumsymbole.* Ariston, 1989
Schwarz, Hildegard: *Aus Träumen lernen, mit Träumen leben.* Knaur TB Esoterik, o. J.
Tholey, P./Utecht, K.: *Schöpferisch träumen. Wie Sie im Schlaf das Leben meistern. Der Klartraum als Lebenshilfe.* Falken, 1986

Williams, S. K.: *Durch Traumarbeit zum eigenen Selbst. Die Jung-Senoi-Methode.* Ansata, 1987
Wiesenhütter, Eckart: *Traum-Seminar.* Kindler, 1974
Zurfluh, Werner: *Quellen der Nacht.* Ansata, 1983

Traumseminare

Günther Feyler führt bereits seit über einem Jahr-
zehnt in Deutschland, Österreich, der Schweiz
und auf Lanzarote erfolgreich Traumseminare
durch, die sich zunehmender Beliebtheit erfreuen.
Er bildet auch Traumbegleiter für die Durch-
führung von Traumselbsterfahrungsgruppen und
Traummaster für die transpersonale Traumarbeit
aus. Sein erstes, ebenfalls im Verlag Hermann
Bauer KG erschienenes Buch *Träume – Suchbilder
der Seele* ist mittlerweile in der zweiten Auflage
erschienen und zu einem Standardwerk der neu-
eren deutschen Traumliteratur geworden. Der
Autor ist vorwiegend auch in der internationalen
Traum- und Schlafforschung tätig. Seine Semi-
nare liefen bislang im Arbeitskreis Transpersonale Traumarbeit der »ATMAN Gesellschaft für
Bewußtseinsentfaltung«. Zu Beginn des Jahres hat
Feyler ein eigenes Institut, die »Traumwirk- und
Lehrwerkstatt Günther Feyler« in Unterwössen/
Chiemgau gegründet, von dem er seine Traumar-
beit her steuert.

Unter dem Titel *Lebenskompass Traum* umfaßt
die Workshop-Ausbildungsreihe sechs Wochen-
end-Traumseminare, die ohne jedwede Vorbil-
dung stufenweise zu durchlaufen sind:

*Traum und Stille – Traum und Klang – Traum
und Symbole – Traum und Leben – Traum und
Heilen – Traum und Sterben*

Die sechs aufeinander aufbauenden Workshopstu-
fen dienen dem kontinuierlichen Prozeß der
Bewußtseinsentwicklung und -harmonisierung
(auch für das Erlernen neuer Lerntechniken) mit
dem Ziel der Herausbildung einer integralen
Gesamtpersönlichkeit spirituellen Formats. Sie
enthalten Entspannungs-, Trance- und Traumtechniken, meditative Ruhigstellung für die Selbstfindung (T 1), Sensibilisierung des Gefühlskörpers
über Atem-, Stimm- und Klangarbeit (T 2) und
Aufspüren des kreativen Urpotentials über die
Kraft der persönlichen Symbole (T 3).

In der zweiten Workshoptriade werden die
ureigene Lebensaufgabe und der Lebenssinn anvi-
sioniert (T 4), das luzide Träumen gelehrt und
praktiziert und die Selbstheilungskräfte des
Traumkörpers für biopsychische Selbsterstarkung
und Fremdbehandlungen aktiviert (T 5). Höhe-
punkt und Abschluß des Zyklus, der innerhalb von
drei Jahren zu durchlaufen ist, stellt die persönliche
Konfrontation mit der Lebensendlichkeit und all
ihren Konsequenzen dar (T 6).
Das eingesetzte Traumszenario besteht aus einer
eigens vom Autor entwickelten Mixtur von Tag-
traumtrance, hypnagogen Bildern, »Aktiver
Imagination« nach C. G. Jung, Katathymem Bilderleben nach Leuner, Wachtraumtechnik nach
Williams, Daseinsanalyse nach Medard Boss,
Gruppentraumexperimenten nach Shohet, luziden
Traumtechniken nach Tholey, Psychodrama nach
Moreno, Gestalttherapie nach Perls, Fantasierei-
sen, gelenkten Traummeditationen, Traumaffir-
mationen, kreativem Visualisieren und der eigens
von Feyler weiterentwickelten Finalbildtechnik.

Traum- und Schlaftherapie

Feyler arbeitet mit Träumen als umfassendem Selbsttherapeuticum für alle innerseelisch ausgelösten Störungen und Krankheiten auch in Einzelsitzungen und Kleingruppensessions (auf Anfrage). Über Imagination und Tagträume werden die Schattenfiguren und seelischen Komplexe deutlich erlebt und als Ich-Bestandteile integriert. Abgespaltene Bedürfnisse werden annehmbar erlebt. Träume werden erinnern »gelernt«. Über seine persönlichen Symbole baut sich der Träumer mit Hilfe gestalttherapeutischer Methoden den Weg in den Sinnverstand und in die Deutung seiner Träume. Es entsteht eine persönliche Topographie der gegenwärtigen Lebenssituation und heilwerdenden Lebensentwicklung mit Schlüsselimpulsen für neue Handlungsalternativen. Die Schicksalslinie entblößt sich. Probleme zwischenmenschlicher Spannungen werden gelöst, schmerzende Körpersymptome über geistige Ursachen bearbeitet und aufgelöst. Über luzide Träume werden komplexe Inhalte der Lebensplanung vorsimuliert.

Die Schlaftherapie geht von neuen wissenschaftlichen Erkenntnissen der Chronobiologie aus. Sie harmonisiert die für den Schlaf wichtigen Rhythmensysteme des menschlichen Körpers durch Phasenverschiebungen, seelische Entstörung und eine neuartige Zungengymnastik, die den empfindsamsten Muskel der Schlafsteuerung befriedet. Ernährungsphysiologische Umstellungen sind manchmal genauso vonnöten wie Teetherapien und entspannende Einschlaf- und suggestive Durchschlaftechniken sowie Medikamentenentwöhnung durch ausschleichende Verordnungen.

Auch Fragen der Schlafhygiene haben nicht selten einen wohltuenden und heilsamen Einfluß auf Schlafstörungen. Ein vierzehntägiges, kombiniertes Trainingsprogramm von mentalen und imaginativen Übungen schafft staunenswerte Regeneration.

Sie erhalten Seminarkalender und ausführliche Informationen zu diesen Seminaren im In- und Ausland bis 30. April 1991 über die

Traumwirk- und Lehrwerkstatt
Günther Feyler
Asternweg 31
8011 Vaterstetten
Telefon 0 81 06/3 23 74, Telefax 0 81 06/40 93

und ab 1. Mai 1991 über die neue Anschrift unter gleicher Firmierung

Auweg 8
8218 Unterwössen/Chiemgau
Telefon 0 86 41/74 51

Günther Feyler

Träume – Suchbilder der Seele

2. Aufl., 340 S. mit 13 Zeichn., geb.
ISBN 3-7626-0323-5

Träume sind wichtige Lebenssignale der Seele. Sie klären unser wesenhaftes Selbst und einen die widersprüchlichen Teilpersönlichkeiten unseres Ichs. Sie sind der gerade Weg zur Selbsterkenntnis und Selbstfindung. Sie enthüllen uns unser unerkanntes, schöpferisches Potential, unsere versteckten Talente und unsere verborgenen, schlummernden Fähigkeiten. Hierfür gibt dieses Buch eines erfahrenen Traumexperten, der seit Jahrzehnten Traumverständnis im In- und Ausland lehrt und in allen Sparten der transpersonalen Traumarbeit zuhause ist, viele praktische Tips. Der Leser lernt anhand dieses Buchs erfahrbare Traumprozesse, mit denen er seine Traumarbeit unmittelbar beginnen kann.
Träume sind lebenswichtige Botschaften an uns selbst. Sie geben existenzentscheidende Informationen und klärende Hinweise zu unserer gegenwärtigen Lebenssituation und weisen uns auf notwendige Veränderungen hin. Träume können uns auch warnen und beschützen; sie können Krankheiten anzeigen und heilen, uns in Partnerschaften führen und einen Ausblick auf unsere Zukunft gewähren.

Verlag Hermann Bauer · Freiburg im Breisgau

Günther Feyler

Der Traum – dein zweites Leben

Der erfahrene Traumexperte gibt mit seinem
neuen Kassetten-Programm
Anleitungen für Ihre »Traumarbeit«

Der Tagtraum als Realität von morgen

A-Seite: Sie lernen eine wirksame Methode, die
Traumkraft anzuregen. Mit Hilfe einer Imagina-
tionsübung finden Sie drei persönliche Symbole für
»locker und gelöst«, »lustig und heiter«, »zufrieden
und selbstsicher«. Im Vogelflug erkennen Sie Ihre
persönlichen Probleme und finden die richtige
Lösung.

B-Seite: In einer großen Tagtraumübung »Wande-
rung in die Natur« erfahren Sie in der Entsprechnung
zu Naturbeobachtungen Gleichnisse für Ihre gegenwärtige Lebenssituation. Sie besuchen den Garten
Eden und entdecken eine neue Lieblingsfrucht. Sie
lernen, sich an Ihre Träume zu erinnern und sie zu
dokumentieren.

Spieldauer 50 Minuten/DM 26,–/Best.-Nr. 8619

Die persönlichen Traumsymbole

A-Seite: In einer Tagtraumübung erkennen Sie im
inneren Spiegel Ihres Selbst ein aktuelles Lebenssym-
bol und Ihr Lebensmotto. Sie erfahren die Bedeutung
der wichtigsten Symbole, um so das Wesen dieser
Symbole schneller und besser zu erkennen.

B-Seite: In einem Tagtraumprozeß lernen Sie, Ihre
Gegenwart weiterzuentwickeln, indem Sie ganz

Verlag Hermann Bauer · Freiburg im Breisgau

bewußt über eine aktive Einflußnahme auf schmerz-
liche Erlebnisse und Fehlhandlungen der Vergangenheit auch Ihre Erinnerung daran ändern.
Spieldauer 55 Minuten/DM 26,–/Best.-Nr. 8620

Dialog mit meiner Traumkraft

A-Seite: Was der Traum alles kann. Große Tag-
traumreise: Besuch bei Ihrer Traumkraft. Sie erfor-
schen Ihre tief im Traumland verborgene Seele.
B-Seite: Sie erlernen eine Fragetechnik, mit deren
Hilfe Sie Ihren »Traumtresor« öffnen können. Tag-
traumprozeß: Geben Sie dem »inneren Clown« die
Freiheit. Mit gerichteter Imagination lernen Sie, die
Zukunft aktiv zu beeinflussen.
Spieldauer 61 Minuten/DM 26,–/Best.-Nr. 8621

Der Traum als Heilhelfer

A-Seite: Zwei Traumreisen in das Körperinnere. Ein
erdachter Tagtraum: Wie behandeln Sie ihren Körper? Wie handelt Ihr Körper? Der beste Diagnosti-
ker ist Ihr »innerer Arzt«, der sich in den Träumen
meldet.
B-Seite: Sie gestalten Ihren Körper bildhaft und
malen ihn mit all seinen seelischen Narben. Eine
Reise in die Gesundheit. In einem Heilritual nach alt-
griechischem Muster kommen Sie mit Ihren Heilgöt-
tern und Schutzgeistern in Kontakt. Sie erleben Ihre
Träume als wichtigste Heilkraft.
Spieldauer 58 Minuten/DM 26,–/Best.-Nr. 8622

Alle 4 Kassetten zusammen:
DM 92,–/Best.-Nr. 8623

Verlag Hermann Bauer · Freiburg im Breisgau

Günther Feyler

Träume – Wegweiser deines Lebens

3 Kassetten im Album mit Begleitbroschüre

DM 68,–/Best.-Nr. 8576

Mit diesem Kassetten-Zyklus lernen Sie, Ihre »Traumkraft« ganz bewußt einzusetzen. In praktischen Übungen wird gezeigt, wie das »kreative Visualisieren« das schöpferische Potential und die Kreativität steigert. Sie lernen, sich Ihre eigene Wirklichkeit und Zukunft bildhaft vorzustellen und im Unterbewußtsein »vorzuerleben«.

In praktischen Tagtraumübungen können Sie Ihre gegenwärtige Lebenssituation ungeschminkt erkennen und Rückschlüsse und Folgerungen für Ihr weiteres Leben ziehen. Sie erkennen, wo Ihre Barrieren und Hemmungen liegen, die Sie in Ihrer Entwicklung behindern.

Sie können Ihre Traumkraft auch um Hilfe, Beistand und die Lösung von Problemen und Konflikten anrufen und Antwortträume bei Bedarf bewußt hervorrufen. Außerdem lernen Sie, Ihre persönlichen Traumsymbole richtig zu erfassen und sie schließlich auch zu verstehen.

Verlag Hermann Bauer · Freiburg im Breisgau

Die neuen Dimensionen
des Bewußtseins